Hans Ruoff

Die Kunst des erfolgreichen Abstiegs

HERDER spektrum
Band 5990

Das Buch

„Mein Haus", „Mein Auto", „Mein Boot" – unsere Gesellschaft liebt und propagiert den Gewinner. Die Wahrheit ist jedoch eine andere und jeder von uns kennt und fürchtet sie insgeheim: Das persönliche Scheitern ist viel wahrscheinlicher und es wächst die Zahl derer, die zwischen 40 und 50 vor den Trümmern ihres beruflichen Weges stehen. Doch es gibt ihn durchaus, den dritten Weg zwischen Karriere und Scheitern – und er lässt sich sogar genießen. Man muss nur wissen, wie's geht.

Hans Ruoff erklärt die Kunst des erfolgreichen Abstiegs an ausgesuchten Beispielen, die zeigen, wie man nach einer ungewollten und einschneidenden beruflichen Krise Lebenszuversicht und Selbstvertrauen keineswegs verlieren muß, sondern sogar zu einer ganz neuen Lebensqualität finden kann.

Der Autor

Hans Ruoff, geboren 1951 in Backnang, arbeitete als Sozialpädagoge in Deutschland und Japan sowie über 20 Jahre als Journalist im Hörfunk, beim Fernsehen und bei der Deutschen Presse-Agentur dpa. Heute ist er selbstständiger Schreibtrainer (www.cleartext.de) und arbeitet in der Aus- und Weiterbildung für Journalisten. Hans Ruoff lebt in Berlin.

Hans Ruoff

Die Kunst des erfolgreichen Abstiegs

Vom guten Leben jenseits der Karriere

HERDER

FREIBURG · BASEL · WIEN

Originalausgabe

© Verlag Herder GmbH, Freiburg im Breisgau 2008
Alle Rechte vorbehalten
www.herder.de

Umschlagkonzeption und -gestaltung:
R·M·E Eschlbeck / Botzenhardt / Kreuzer
Umschlagmotiv: © Gettyimages
Autorenfoto: © Miguel Villagran

Satz: Barbara Herrmann, Freiburg
Herstellung: fgb · freiburger graphische betriebe
www.fgb.de

Gedruckt auf umweltfreundlichem, chlorfrei gebleichtem Papier
Printed in Germany

ISBN 978-3-451-05990-2

Inhalt

Vorwort

„Wir hatten ja schon öfter über eine neue Herausforderung für Sie gesprochen. Heute muss ich Ihnen sagen: Wir haben nichts für Sie." – Diese Sätze meines früheren Chefs habe ich immer noch im Ohr. Sie bedeuteten das Aus für meine Pläne vom weiteren Aufstieg in der Firma. Inzwischen bin ich ihm dafür dankbar. Heute weiß ich: Ein Karrierebruch muss keine Katastrophe sein, er kann vielmehr den Blick frei machen für neue Wege. Nicht im plumpen Sinn von „Scheitern als Chance", sondern als Abkehr von Überforderung, als Besinnung auf eigene Wünsche oder als Anstoß für einen Aufbruch zu neuen Ufern.

Und weil mein Blick damit geschärft war für das Tabuthema Karrierebruch, stieß ich bald auf den nächsten, der sagte: Es geht mir besser als vorher. Das machte mich neugierig. Wie kommt es, dass manche Menschen nach einem Karrierebruch jahrelang hadern, während andere entspannt und glücklich kleinere Brötchen backen? Dieser Frage bin ich nachgegangen.

Einleitung

„Mein Haus. Mein Auto. Mein Boot" – diese Trumpfkarten-Szene aus der Werbung bedient den klassischen Lebensentwurf unserer Leistungsgesellschaft: Wir arbeiten hart, wir sind besser als andere, wir machen Karriere. Und beim Treffen mit den Schulkameraden von einst ziehen wir die Asse aus dem Ärmel: Schaut her, ich habe es zu etwas gebracht.

Brüche kommen in diesem Szenario nicht vor. Die Verlierer sind immer die anderen. Doch in Wirklichkeit sind Konkurrenten oft besser, schneller oder skrupelloser. Das wachsende Tempo zermürbt uns. Oder wir werden Opfer des Firmenumbaus in Zeiten der Globalisierung. Unser Körper schlägt Alarm. Unser Partner oder unsere Familie spielen nicht mehr mit.

Wenn wir ehrlich sind, gestehen wir uns dann ein: Der Traum von der großen Karriere ist zu Ende. Doch diese Einsicht ist schwer. Denn nach den Regeln der Leistungsgesellschaft gehören wir damit zu den Verlierern. Wir haben versagt.

Viele scheuen deshalb eine ehrliche Bilanz. Mancher igelt sich ein und macht weiter, bis der Körper streikt. Oder sucht nach Auswegen, die dem bedrohten Ich nicht wehtun; gibt anderen die Schuld, wird sarkastisch, fängt an zu trinken.

Die Alternative heißt aussteigen. Nicht aus dem Beruf oder dem bisherigen Leben; Schafe züchten auf der Schwäbischen Alb oder die eigene Tauchbasis auf den Seychellen sind für die meisten von uns kein gangbarer Weg. Aussteigen können wir indes aus den Kategorien von Sieg und Niederlage. Den Karriereknick müssen wir hinnehmen, aber niemand kann uns zwingen zu denken: Ich habe versagt. Stattdessen können wir sagen: Diese Stelle war eine Nummer zu groß für mich. Für diese Position hätte ich nicht genügend Härte und Machtwillen – und das will ich auch nicht ändern. Oder: Das Leben und meine Familie sind mir wichtiger als eine Spitzenkarriere.

Lernen können wir dabei von den Amerikanern. Sie gehen lockerer um mit beruflichen Brüchen. Scheitern ist dort kein moralischer Makel, man orientiert sich einfach neu. Ich denke, wir brauchen eine neue Kultur der beruflichen Lebensplanung. Einen dritten Weg zwischen den Polen Karriere und Scheitern, jenseits des Schemas Sieg-Niederlage. Wir gewinnen dadurch die Chance, auch das Gute hinter dem Karriereknick zu sehen. Wir können erleben, wie gut es tut, nicht ständig über die eigenen Kräfte hinausgehen zu müssen. Und wir spüren zugleich: Der aktive Umgang mit einer beruflichen Krise macht uns stark für die Krisen, die noch kommen mögen.

Der erfolgreiche Abstieg ist kein Märchen, sondern Realität: Es gibt Menschen, die den Weg nach unten gegangen sind und dabei erstaunliche Erfahrungen gemacht haben. Einige kommen in diesem Buch zu Wort. Manchem mag bei dieser Sichtweise das Politische zu kurz kommen, die Frage nach den Machtverhältnissen und deren Einfluss auf die Arbeitswelt. Dies habe ich bewusst nicht zum Schwerpunkt gemacht. Denn was auch immer auf der gesellschaftlichen Ebene passiert: Einen Bruch in unserer beruflichen Lebensplanung müssen wir ganz persönlich bewältigen.

I Wenn Karrieren zerbrechen

„Die Arbeit hat mich aufgefressen" –
die Geschichte von Thomas von Mouillard

Sein Büro in der alten Hamburger Villa lag zu ebener Erde. Ein heller Raum mit Stuckdecke und hohen Fenstern zum Hof. Wenn das Gros der Mitarbeiter morgens zur Arbeit kam, saß er schon da: rauchend, telefonierend, über den Bildschirm gebeugt. War der Platz hinter seinem Schreibtisch leer, dann war er unterwegs in der Welt: Thomas von Mouillard, stellvertretender Chefredakteur der Deutschen Presse-Agentur dpa. Fast zwölf Jahre saß er an diesem Platz.

Journalist war er immer gerne, und er ist es auch heute noch. Jetzt, da er wieder im Großraumbüro hinter der Villa sitzt und nicht einmal mehr einen eigenen Schreibtisch hat. Doch zunächst verläuft seine dpa-Karriere glatt: Insgesamt neun Jahre berichtet er als Auslandskorrespondent aus Washington und anschließend aus Mexiko und der Karibik, dann kommt er zurück in die Zentrale nach Hamburg. 1993 wird er Ressortleiter Ausland, 1994 rückt er in die Chefredaktion auf. Als Auslandschef verantwortet er den internationalen Bereich der Agentur. Er ist zuständig für Partner und Kunden in Europa und Übersee, für 150 dpa-Korrespondenten und Mitarbeiter in aller Welt, und er verwaltet einen Millionenetat.

Er mag seine Arbeit, aber ein Zuckerschlecken ist das Ganze nicht. In seine Zeit als Auslandschef fallen der Bosnien- und der Kosovokrieg, die beiden Irak-Kriege und der 11. September 2001. Wenn er einen Korrespondenten in ein Krisengebiet schickt, kann das eine Entscheidung sein über Leben und Tod. Er macht es sich nicht leicht, und er hat Glück. Kein dpa-Mitarbeiter verliert in dieser Zeit sein Leben.

Auch Fragen zur Zukunft der Agentur landen auf seinem Schreibtisch, es geht um strategische Positionen und um handfeste wirtschaftliche Entscheidungen. Die internationale Medienlandschaft verändert sich rasant, und die Medienkrise geht auch an dpa nicht spurlos vorüber. Thomas von Mouillard muss Teile seines Bereichs umstrukturieren oder völlig neu aufstellen. Er muss Mitarbeiter gegen ihren Willen versetzen, und in Einzelfällen muss er Leute entlassen.

In den ersten Jahren kann er das noch gut auspendeln. Er trägt die Verantwortung gerne, und nach Feierabend kann er trotzdem abschalten. Doch mit der Zeit funktioniert das immer schlechter. „Beginnend 2001/2002 merkte ich, wie mich das immer mehr auffraß. Wie ich abends bis zum Einschlafen an irgendwelche Probleme dachte. Wie ich morgens unter der Dusche stand, und wieder drehte sich alles, bis hin zu einer völligen Distanzlosigkeit. Am Ende war ich so weit, dass ich nachts aufwachte und nicht mehr einschlafen konnte und irgendwelche Probleme gewälzt habe."

Auch im Privatleben ist er zunehmend gefordert. Seine Mutter braucht nach einem Schlaganfall viel Unterstützung, ein Onkel und eine Tante werden dement, ein anderer Onkel wird körperlich hinfällig. Das alte Ehepaar und der Onkel haben keine Kinder, und Mouillard selbst hat keine Geschwister. Seine Frau und er regeln die Angelegenheiten der alten Herrschaften, zum Teil ist er auch von Amts wegen für sie zuständig. Er verhandelt mit Behörden und Gerichten, und er erlebt das tägliche Elend in öffentlichen Heimen.

Die Belastungen im Privatleben und im Beruf wachsen schleichend. Ab einem gewissen Zeitpunkt beginnen sie, ihn zu erdrücken. Im Jahr 2004 bemerkt er zum ersten Mal, dass irgendetwas nicht mehr mit ihm stimmt. „Ich bin eigentlich eher ein fröhlicher Mensch und unternehme viel, wir haben einen großen Freundeskreis. Und ich merkte – auch dadurch, dass meine Frau mir das immer wieder sagte –, dass ich viele Dinge schleifen ließ. Ich hatte weniger Spaß am Ausgehen, ich habe mich immer häufiger vor Geselligkeiten gedrückt und wollte eigentlich nur noch meine Ruhe haben."

Manchmal blitzt der Gedanke auf: Du schlitterst in eine Depression. Aber er verdrängt den Gedanken und macht weiter – selbst in einer absoluten Extremsituation. 2004 stirbt seine Mutter unter dramatischen Umständen, man holt ihn nachts aus dem Bett. Am nächsten Tag steht eine wichtige Besprechung an. Er sagt sie nicht ab. „Am nächsten Morgen bin ich allen Ernstes ins Büro gegangen und habe so getan, als sei überhaupt nichts passiert und habe da meinen Job gemacht."

Sein Gedächtnis lässt nach, aber erst später wird er wissen: Dies sind Anzeichen einer heraufziehenden Depression durch Überforderung. An einem bestimmten Punkt schaltet das Gehirn einfach ab und signalisiert damit: Es reicht. „Ich hatte eigentlich immer ein hervorragendes Gedächtnis und musste mir nur wenige Notizen machen. Und das wurde massiv schlechter. Am Ende ging es so weit, dass ich mich abends oft nicht mehr erinnern konnte, welche Entscheidungen ich am Morgen getroffen hatte. Das war schlicht und ergreifend weg."

Anfang 2005 wird ihm klar: Ich muss etwas tun. Zunächst versucht er es mit Hausmitteln. Eine Zeit lang wähnt er sich auf dem Weg der Besserung, dann bekommt er eine Allergie und geht zum Hausarzt. Der schickt ihn zu einem Psychiater und Psychotherapeuten, und diesem schildert er im Spätsommer 2005 seine Lage – allerdings noch etwas beschönigend, wie er später einräumt. Der Arzt verschreibt ihm leichte Psychopharmaka, und Thomas von Mouillard denkt: Vielleicht schaffe ich es ja doch noch. Von Therapie ist zu diesem Zeitpunkt noch nicht die Rede.

Doch die Arbeit ist nicht weniger geworden in diesen Monaten. Die Fußball-Weltmeisterschaft 2006 in Deutschland steht vor der Tür, und für dpa ist die WM ein gigantisches Projekt. Während der Vorbereitungsphase fällt ein Kollege aus der Chefredaktion mit einer schweren Herzerkrankung aus; für Thomas von Mouillard bedeutet das noch mehr Arbeit.

Seine Freunde ahnen nicht, wie schlimm es um ihn steht. Sicher, er hat sich ziemlich zurückgezogen, aber sie denken: Er hat eben viel Arbeit, das gibt sich schon wieder. Seine Frau dagegen registriert die Veränderungen genau. Und sie sagt es ihm auch. „Die hat sich dazu schon geäußert, aber das habe ich dann eben verdrängt in diesen Monaten, als es akuter wurde. Das ging bei ihr bis hin zu dem berechtigten Vorwurf, dass ich mich kaum noch um die Familie kümmere, also um sie und um die Kinder. Die waren zu dem Zeitpunkt zwar schon aus dem Haus, aber Kinder haben natürlich trotzdem Probleme, über die man reden muss. All das hat mich damals nicht mehr interessiert, das war mir alles zu viel, und ich habe zu meiner Frau gesagt: Komm, mach' Du das."

Den ersten Zusammenbruch hat er Ende 2005. Im Urlaub an Silvester will Mouillard nicht mehr aufstehen. Ihm ist alles egal, er denkt sogar daran, sich umzubringen. Jetzt wird es ihm unheimlich. Er nimmt sich vor, den Psychiater aufzusuchen und ihm alles zu erzählen. Doch nach zwei Tagen rappelt er sich wieder auf und geht ins Büro; den Termin beim Arzt vereinbart er nun doch nicht. Mitarbeiter werden sich später erinnern, dass er bisweilen wie ein Gespenst wirkte. Vier Wochen hält er noch durch, dann bricht er endgültig zusammen. „Ich wachte an einem Montag auf und hatte das Gefühl, ich bin ein uralter Mann. Ich konnte kaum einen Fuß vor den anderen setzen, ich fühlte mich geistig vollkommen hohl und war auch körperlich völlig down."

Jetzt ruft er seinen Psychiater an. Der Arzt gibt ihm sofort einen Termin. Was Mouillard ihm berichtet, überrascht den erfahrenen Mediziner nicht. „Er sagte: Das dachte ich mir schon, dass ich Sie nochmals wiedersehe. Ich verschreibe Ihnen jetzt ein stärkeres Mittel, Sie legen sich erst mal eine Woche ins Bett. Dann kommen Sie wieder, und wir beginnen eine Therapie."

Vier Wochen schreibt ihn der Arzt zunächst krank. Noch ahnt Thomas von Mouillard nicht: Aus diesen vier Wochen werden sechs Monate, und bei seiner Rückkehr sitzt ein anderer in seinem Büro in der alten Villa.

Burnout und Depression: die heimlichen Krankheiten

Thomas von Mouillards damaliger Zustand hat einen Namen: Burnout – das Ausgebrannt sein nach einer lange andauernden Überforderung, die totale körperliche und seelische Erschöpfung. Hilflosigkeit und Niedergeschlagenheit können sich verdichten, aus dem Burnout wird eine richtiggehende Krankheit: Depression. Mit Ausschlafen oder einem kleinen Urlaub am Meer ist es jetzt nicht mehr getan.

Statistiker nennen erschreckende Zahlen. In einer Befragung der Bundesanstalt für Arbeitsmedizin und Arbeitsschutz im Jahr 2005 klagte jeder Vierzehnte. über Burnout-Symptome. Bei damals 38,7 Millionen Erwerbstätigen wären dies 2,8 Millionen Betroffene – rechnerisch die komplette Bevölkerung von Hamburg und München. Eine gigantische Zahl.

Die Gesundheitsreports der Deutschen Angestellten Krankenkasse DAK zeigen: Von 1997 bis 2004 stieg die Anzahl psychisch erkrankter Erwerbstätiger um 70 Prozent. Die Kasse schlug Alarm: „Angststörungen und Depressionen werden immer mehr zu Volkskrankheiten der Zukunft". 2006 war jeder 25. Versicherte wegen einer Depression oder einer Angststörung krankgeschrieben, im Durchschnitt vier Wochen lang. Wie viele der Betroffenen an Burnout litten, ist nicht erfasst. Sagen lässt sich nur eines: Je früher ich mich mit einer Burnout-Situation ehrlich auseinandersetze, desto größer ist meine Chance, vor einer Depression bewahrt zu bleiben. Je später ich mich meiner Situation stelle, desto gefährlicher wird es, und desto länger werde ich krank sein.

Sichtbar wird dieses Problem nur in Ansätzen. Psychisch angeschlagen zu sein und deshalb seine Arbeit nicht mehr zu packen ist immer noch ein Tabu. Die DAK fand heraus: Jedem Zweiten wäre es unangenehmer, wegen psychischer Probleme am Arbeitsplatz zu fehlen als wegen einer „normalen" Krankheit. Jeder Dritte glaubt, dass der Vorgesetzte wenig Verständnis hat, wenn man wegen psychischer Probleme zu Hause bleibt. Und jeder Vierte meint, dass psychische Erkrankungen „oft als Vorwand für Blaumacherei missbraucht werden".

Es gehört also Mut dazu, sich wie Thomas von Mouillard zu einem Burnout zu bekennen. Zu sagen: Ich kann nicht mehr, ich bin am Ende. Viele verstecken ihre Erkrankung deshalb hinter anderen Etiketten – von der „vegetativen Dystonie" über Herz- und Kreislaufprobleme bis zu Kuren aller Art.

Bei einem Burnout mag diese Tarnung funktionieren. Bei anderen Arten eines Karrierebruchs habe ich keine Chance zu verbergen, dass mir der Himmel auf den Kopf gefallen ist. Jeder kann sehen: Ich bin gefeuert. Oder: Ich bin insolvent.

„Ich habe mir gedacht: Das packe ich nie" – die Geschichte von Beate Berroth

Eigentlich war Beate Berroths Leben klar vorgezeichnet. Die Tochter aus gutem Hause studiert an der Pädagogischen Hochschule und wird Lehrerin. Mit 28 ist sie Beamtin auf Lebenszeit. Sie liebt ihren Beruf, und die Schüler mögen sie. Zwölf Jahre arbeitet sie in Ostwürttemberg erfolgreich als Lehrerin. Dann macht sie eine große Erbschaft. Und sagt sich: Das kann doch nicht alles gewesen sein, ich kann noch mehr. Ihre heimliche Liebe gehört seit Jahren der Mode. 1984 eröffnet sie in der nahen Kreisstadt ein unkonventionelles Modegeschäft, offiziell auf den Namen eines Partners, denn sie ist ja Beamtin. Der Laden brummt.

Ein Jahr später wagt sie den nächsten Schritt und eröffnet einen Laden in Ulm. Das „Na und" ist ein Geschäft im oberen Preissegment, in bester Lage am Münsterplatz. Beate Berroth bringt eine völlig neue Mode in die Stadt. „Ich habe mich an holländische Firmen getraut, die außergewöhnlich sind und anders denken als die italienischen oder die deutschen Firmen. Ich hatte auch sehr viele dänische und schwedische Firmen. Ich habe einfach eine Mode in Ulm eingeführt, die sich die anderen noch nicht getraut haben." Vom Start weg wird der Laden ein Riesenerfolg – auch weil er Mitte der 1980er-Jahre vom Angebot und von der Gesamtkonzeption her absolut avantgardistisch ist in der 100 000-Einwohner-Stadt an der Donau. „Ich habe mich getraut, was in der Branche damals noch nicht geläufig war: Dass man zur Bekleidung auch Schuhe hat, dass man Accessoires hat, dass man Taschen hat. Das war damals sehr ungewöhnlich. Und ich habe eine Bar einbauen lassen. Wir haben an unsere Kunden Cappuccino und Espresso ausgeschenkt, ich hatte eine riesige Gaggia-Maschine. Damals wurde gerade der lange Donnerstag eingeführt, das hat geboomt. Und samstags war mein Laden *der* Treffpunkt in Ulm. Man ging auf den Markt, und dann sind die Männer ins „Na und" gekommen, haben sich an die Bar gesetzt und ihren Frauen beim Shoppen zugeschaut."

Ulms bessere Gesellschaft ist begeistert. Wer das Besondere sucht, kauft im „Na und". Der Laden wird zur Top-Adresse in Sachen Mode. 1986 lässt sich Beate Berroth als Lehrerin beurlauben und widmet sich von jetzt an ganz ihrem Laden.

Ihre Kundinnen mögen die besondere Atmosphäre. Die phantasievolle Dekoration und die persönliche Ansprache durch die Chefin. Beate Berroth ist ein Kommunikationsgenie, ihr Ruf verbreitet sich auch in der Ulmer Geschäftswelt. Später erfährt sie, dass andere Ladeninhaber zu ihren

Verkäuferinnen sagen: Wenn Ihr sehen wollt, wie man heutzutage Kunden begeistern kann, dann geht ins „Na und".

Kummer macht ihr nur ihr Partner. Er hat tausend Ideen, aber er verwechselt Umsatz und Gewinn. Nimmt Geld aus der Kasse, das sie braucht, um die Lieferanten zu bezahlen, den Vermieter und das Finanzamt. Dieses Geld wird ihr später fehlen. Sechs Jahre zieht Beate Berroth den Partner mit, 1992 macht sie einen Schnitt. Sie setzt ihm den Stuhl vor die Tür, gibt ihre Beamtenstelle auf und übernimmt jetzt auch offiziell die Geschäftsführung ihres Modeladens.

Nach Feierabend und am Sonntag sitzt sie über der Buchführung. Die Umsätze sind gut, aber die Kosten sind hoch. Beate Berroth bezahlt ihre Rechnungen pünktlich, nur Spielraum für Rücklagen gibt es nicht. Bei ihrem Steuerberater wähnt sie sich in guten Händen – zu Unrecht, wie sich später herausstellt. Privat lebt sie eher bescheiden, sie fährt ein kleines Auto und macht fast nie Urlaub. Sie vermisst diese Dinge nicht, ihre Welt ist der Laden. Und sie wundert sich, wenn andere Geschäftsleute klagen. Ihr Jahresumsatz liegt stabil bei anderthalb Millionen Mark. Auch 1999 ist nochmals ein gutes Jahr. Als Beate Berroth am 31. Dezember den Jahresumsatz abruft, zeigt die Ladenkasse 1,6 Millionen Mark.

Wenige Tage später stürzt diese Welt ein. Im Januar 2000 fordert das Finanzamt 35 000 Mark Steuern, fällig binnen zehn Tagen. Beate Berroth glaubt an einen Irrtum. Sie bittet das Amt um vier Wochen Zeit zur Aufklärung der Sache, doch der Steuerbeamte bleibt hart. Wenn sie nicht umgehend zahle, werde man das „Na und" schließen. Es stellt sich heraus, dass ihr Steuerberater bei den Unterlagen geschlampt hatte. Jetzt, da es ernst wird, meldet er sich krank.

Daraufhin bittet Beate Berroth den Hausbesitzer, ihr einen Teil der Miete zu stunden. Dann könnte sie beim Finanzamt wenigstens eine Anzahlung machen. Zwei Tage später führt der Vermieter kommentarlos einen Fremden durch den Laden. Auf ihre Frage sagt er: „Das ist Dein Nachmieter. Am 29. April bist Du hier raus." Jetzt gerät sie in Panik. Sie zahlt einen fünfstelligen Teilbetrag an das Finanzamt – und weiß zugleich: Damit bricht ihre Kalkulation zusammen. In Kürze trifft die Frühjahrskollektion ein, und Beate Berroth hat zu wenig Geld. Sie versucht, ihre Bestellungen zu stornieren, doch es ist zu spät. Am 13. März meldet sie Insolvenz an.

Ihre erste Erkenntnis: Insolvenz bedeutet Arbeit. „Beim Amtsgericht hat man mir einen Riesenstapel Formulare gegeben und gesagt, das müsse ich ausfüllen. Ich habe mir das an einem Wochenende angeschaut und gedacht: Das packe ich nie, was die alles von mir erwarten." Innerhalb von vier Wochen wühlt sie sich durch den Papierwust.

Ihre zweite Erkenntnis: Insolvenz heißt Kampf gegen Bürokratie. Beate Berroth will noch möglichst viel verkaufen und dafür die Preise reduzieren. Doch einen Räumungsverkauf hätte sie sechs bis acht Wochen im Voraus anmelden müssen, und bis zur Räumung des Ladens sind es keine sechs Wochen mehr. Irgendwie schafft sie es, die Frist zu verkürzen. Doch als sie die Genehmigung schließlich in der Hand hält, bleiben ihr gerade noch drei Wochen.

Ihre dritte und schmerzhafteste Erkenntnis: Mit der Insolvenz steht die erfolgreiche Geschäftsfrau von einem Tag auf den anderen am Pranger. Vorher wussten nur ein paar Freunde um ihre Probleme mit dem Laden, jetzt wird ihre finanzielle Zwangslage mit einem Schlag öffentlich. „Das allerschlimmste war, dass ich persönlich aufs Schaufenster schreiben musste: Insolvenz-Räumungsverkauf. Das bedeutete für mich: Jetzt bin ich gebrandmarkt. Jetzt geht die Hetzjagd auf mich los. Ich habe mich wahnsinnig geschämt."

Einzelne Kundinnen reagieren mit kaum verhüllter Schadenfreude, doch die meisten sind betroffen und traurig. Und sie zeigen Beate Berroth, wie sehr sie sie schätzen. Als die Ehefrau eines bekannten Unternehmers von der Insolvenz erfährt, verlässt sie wortlos den Laden. Zehn Minuten später kommt sie zurück, überreicht Beate Berroth einen riesigen Rosenstrauß und sagt: „Sie werden mir fehlen." Diese Kundin hält ihr bis heute die Treue.

Auch der Insolvenzverwalter ist beeindruckt von der Geschäftsfrau. Beate Berroth schuftet bis zuletzt. Sie weiß: Je mehr Umsatz sie jetzt macht, desto mehr bleibt für die Gläubiger. Ihre Angestellten bekommen das Gehalt vom Arbeitsamt, sie selbst sieht in diesen Wochen keinen Pfennig. Nicht einmal eine Rechtsberatung kann sie sich leisten. Der Insolvenzverwalter müsste ihr dafür Geld bewilligen, doch das lehnt er ab. Als ein befreundeter Rechtsanwalt sie kostenlos berät, bekommt er eine Abmahnung. Auch hier rächt es sich für die Geschäftsfrau, dass sie keine Rücklagen hat. Schwarzgeld war noch nie ihre Sache, und sie bleibt sich darin treu. Am 29. April schließt sie den Laden.

Kurz darauf erlebt Beate Berroth noch einen kleinen Triumph. Als Folge ihrer Hartnäckigkeit stellt sich heraus: Die Steuerforderung des Finanzamts war überhöht. Zum Teil beruht sie auf einem Irrtum. Das Amt reduziert die Summe auf etwa die Hälfte. Aber da ist Beate Berroths Existenz bereits zerstört, sogar ihre Lebensversicherung gehört jetzt den Gläubigern. Mit 50 Jahren steht sie beruflich vor dem Nichts. Und fragt sich, wovon sie künftig leben wird.

Beate Berroth war nicht allein mit ihrer Insolvenz. Im Jahr 2000 brachen bundesweit mehr als 28 000 Firmen zusammen. Drei Jahre später verzeichnete die Statistik sogar mehr als 39 000 Firmen-Insolvenzen. Danach sanken die Zahlen wieder.

Namhafte Firmen waren darunter wie der Baukonzern Philipp Holzmann, der Schreibwarenhersteller Herlitz oder der Fernsehkonzern KirchMedia. Man könnte also meinen, Beate Berroth hätte keinen Grund gehabt, sich zu schämen. Warum sich gebrandmarkt fühlen, wenn es auch Größere trifft?

Doch so einfach funktioniert unsere Gesellschaft nicht. Je größer eine Firma ist und je mehr Arbeitsplätze in Gefahr sind, desto größer ist auch das öffentliche Interesse an einem guten Ausgang der Krise. Herlitz wurde gerettet, für Holzmann engagierte sich der damalige Bundeskanzler Gerhard Schröder, wenn auch am Ende vergeblich. Leo Kirch gab dem Chef der Deutschen Bank, Rolf Breuer, die Schuld am Zusammenbruch seines Konzerns und zog mit Erfolg vor Gericht. Später mischte Kirch wieder im Mediengeschäft mit.

Bei kleinen Firmen funktioniert dies meist nicht. Hier hat die Insolvenz ein Gesicht, und wer in einer Klein- oder Mittelstadt Pleite geht, steht schnell moralisch am Pranger. 28 000 Fälle im Jahr hin oder her: In der Wahrnehmung vieler haftet einer Insolvenz nach wie vor etwas Kriminelles an.

Die Wurzeln dieses Denkens reichen zurück bis ins Mittelalter. Damals galt Insolvenz als strafwürdiges Versagen, und der Betreffende wanderte in den Schuldturm. In der bürgerlichen Gesellschaft galt: Wer seine Rechnungen nicht bezahlen kann, sündigt gegen das Grundprinzip des ehrbaren Kaufmanns. Ein Bankrott war dementsprechend der „bürgerliche Tod".

Das heutige Insolvenzrecht sieht dies viel sachlicher. Es versucht, den Schaden zu regeln und gibt dem Schuldner die Chance zu einem Neuanfang. Seit 2007 darf auch eine Lebensversicherung nicht mehr gepfändet werden. Doch für Beate Berroth kam diese Regelung sieben Jahre zu spät.

Geblieben ist der tückische Begriff „Schuld": Während das Englische unterscheidet zwischen „debt" und „guilt", benennt der deutsche Begriff beides – die finanzielle Verpflichtung und die moralische oder gar kriminelle Verfehlung. Dieses Wort stellt mich als Schuldner an den Pranger. Dort stehe ich neben dem entlassenen Manager, der sich – tatsächlich oder angeblich – etwas „zuschulden" kommen ließ.

„Ich musste meine Papiere abgeben" – die Geschichte von Matthias Adams

Wenn er die Stationen seines früheren Berufs aufzählt, kann einem schwindelig werden. Das Tempo ist hoch, und der Weg führt steil nach oben. Matthias Adams macht die richtige Ausbildung und arbeitet bei den richtigen Firmen. Er hat keine Angst vor Herausforderungen, er packt die Dinge an, und er hat Erfolg. Nichts deutet darauf hin, dass dieser Karrierezug eines Tages entgleisen wird.

Nach Abitur und Bundeswehr macht er zunächst eine Banklehre. Kurz darauf fällt die Mauer. Sein Chef soll die Commerzbank in Thüringen aufbauen. Matthias Adams geht mit – und landet auf einem Parkplatz in Erfurt: „Wir haben in einem Container angefangen, ohne Telefon und ohne Computer. Wir mussten jeden Tag die Einnahmen nach Halle bringen. Da hatte die Commerzbank ein zentrales Rechenzentrum aufgebaut. Das war eine ganz wilde Zeit. Wir haben fast 24 Stunden am Tag gearbeitet. Aber es hat viel Spaß gemacht."

Mit 22 Jahren ist Matthias Adams der bis dahin jüngste Handlungsbevollmächtigte in der gesamten Commerzbank, er verantwortet das Firmen-Kreditgeschäft für den Mittelstand in ganz Thüringen. Die Bank expandiert in einem schier unglaublichen Tempo. Mit drei Leuten haben sie in Erfurt angefangen, ein Jahr später sind es allein dort schon 140.

Dann wird es Zeit für den nächsten Schritt. 1991 geht Matthias Adams zum Studieren nach Freiburg: Volkswirtschaft „und ein bisschen Kunstgeschichte". Das VWL-Studium zieht er in kürzester Zeit durch, die Kunst bleibt auf der Strecke. Mit 27 geht er nach Düsseldorf zu KPMG, einer großen Wirtschaftsprüfungs- und Unternehmensberatungsgesellschaft. Innerhalb kürzester Zeit schafft er den Sprung in den „Corporate-Finance"-Bereich. Hier geht es um die Beratung bei Unternehmenstransaktionen; er kommt zum ersten Mal in Berührung mit dem Kauf und Verkauf ganzer Firmen. Matthias Adams geht nach Berlin und betreut für KPMG gemeinsam mit Kollegen große Transaktionen, unter anderem die Privatisierung der Berliner Wasserbetriebe und des Flughafens Schönefeld.

Nach vier Jahren als Berater zieht es ihn „auf die andere Seite des Schreibtischs, ins operative Geschäft". Ende 1999 wechselt er zu einem großen Konzern in der Hochtechnologie-Sparte. Jetzt steht sein Schreibtisch in München. Matthias Adams arbeitet direkt für den Vorstandschef und fädelt für den Konzern strategische Beteiligungen ein. Von Russland bis Israel sucht er nach Kooperationsmöglichkeiten.

Dann will der Vorstandschef ein zusätzliches Geschäftsfeld entwickeln. Ende 2000 entsteht eine Tochtergesellschaft, und Adams wird dort Finanzvorstand – nur ein Jahr nach seinem Eintritt in das Unternehmen. Mit 33 Jahren gehört er zu den 200 Top-Führungskräften des Konzerns. „Wenn man überlegt, dass ich 1996 erst angefangen hatte zu arbeiten – innerhalb von fünf Jahren vom normalen Prüfungsassistenten in diese Hierarchie-Ebene. Das ging sehr, sehr schnell."

Matthias Adams bekommt ein Budget in dreistelliger Millionenhöhe und den Auftrag, den Geschäftsbereich des neuen Unternehmens auszubauen. Konkret heißt das: passende Firmen aufzuspüren und zu kaufen. Er geht europaweit auf die Suche und wird auch bald fündig. Der Mutterkonzern segnet den Plan ab und Adams kauft ein. Innerhalb kurzer Zeit hat die junge Aktiengesellschaft 280 Mitarbeiter.

Aufs Jahr gerechnet liegt sein Einkommen jetzt im sechsstelligen Bereich. Wenn er will, kann er das Geld mit vollen Händen ausgeben. Doch dafür zahlt er einen hohen Preis. Sein Arbeitstag hat zwölf bis vierzehn Stunden, die Arbeitswoche sechseinhalb Tage, ein regelmäßiges Privatleben hat er nicht mehr. „Wir haben ja international gearbeitet, und ich bin dann auch übers Wochenende oft irgendwo gewesen und überhaupt nicht mehr nach Hause gekommen. Ich hatte damals auch noch eine Wohnung in Berlin und habe immer wieder versucht, mir ein bisschen Zeit frei zu schaufeln und nach Berlin zu kommen. Aber so richtig oft war es am Ende dann doch nicht mehr. Die Arbeitsbelastung war schon enorm."

Dann kommt die Krise. Ein Jahr nach dem Start des Projekts schlittert die Branche in eine Rezession. Das Budget wird drastisch gekürzt, das neue Unternehmen massiv zusammengestutzt, auf neudeutsch würde man sagen: restrukturiert. Von den 280 Mitarbeitern muss Matthias Adams mehr als die Hälfte entlassen. „Sie können sich nicht vorstellen, was das für eine Situation ist, wenn man da jeden Tag solche Gespräche führt. Viele dieser Leute kannte ich persönlich und habe sie auch schätzen gelernt. Und dann muss man sagen: Leute, es macht keinen Sinn mehr, mit Euch weiterzuarbeiten, sucht Euch etwas Neues. Das macht keinen Spaß." Am Ende bleibt ein Torso, die ehrgeizigen Pläne vom Vorjahr sind Makulatur.

Dazu kommen Konflikte im Vorstand selbst. Adams' erster Kollege wird nach kurzer Zeit abgelöst, der Nachfolger bekommt den Titel Vorstandsvorsitzender. Doch schnell stellt sich heraus: In zentralen Fragen der Unternehmensführung liegen Welten zwischen den beiden Managern. Über manche Aktionen seines Kollegen ist Matthias Adams entsetzt. Es kommt zum Konflikt, und aus dem Konflikt wird ein Krieg. Die Gegenseite arbeitet mit harten Bandagen und setzt Mittel ein, über die sich Matthias Adams nur in Andeutungen ergeht. Bei einem Firmen-Zukauf wird das Unternehmen über den Tisch gezogen, die Schuld daran schiebt der Kollege Adams zu.

Diesen Machtkampf kann der junge Finanzvorstand nicht gewinnen. Adams ist noch zu kurz im Unternehmen, sein Gegenspieler hat die größere Hausmacht. Im Sommer 2002 kommt es zum Eklat. „Mein Kollege hat dann im Aufsichtsrat eine Situation herbeigeführt, in der wir die Entscheidung treffen mussten: er oder ich. Einer musste das Unternehmen verlassen, damit es wieder in ruhigeres Fahrwasser gerät."

Zwischen Spardruck und Machtkampf sieht Adams keine Chance mehr für eine konstruktive Arbeit und erklärt sich bereit, das Unternehmen zu verlassen. Die Folgen sind brutal. „Am Montagabend war die Aufsichtsratssitzung, am Dienstag früh habe ich mein Büro geräumt. Ich habe keine Abschiedsfeier machen können, ich durfte sie nicht machen. Ich musste meine Papiere abgeben, am Dienstagmittag war Ende."

Zu diesem Zeitpunkt weiß Adams noch nicht, dass ihm weitere Schläge bevorstehen. Befreundete Kollegen werden ihn ächten, und er selbst wird ein Dreivierteljahr um einen anständigen Aufhebungsvertrag kämpfen müssen. Dies wird sein Bild von der Welt der Großunternehmen so nachhaltig erschüttern, dass er seinen Abgang letztlich sogar als Befreiung empfindet.

Managerleben: Führen auf dem Schleudersitz

Vorgestern noch Leute eingestellt, gestern die Hälfte wieder entlassen, heute selbst gefeuert – das Personalkarussell in deutschen Chefetagen dreht sich mitunter schnell. Nach einer Studie der Unternehmensberatung Booz Allen Hamilton schrumpfte die durchschnittliche Amtszeit von Konzernchefs zwischen 1998 und 2006 von 8,3 auf 4,7 Jahre. 2005 lag der Abgang jedes zweiten Top-Managers im deutschsprachigen Raum an dessen schlechter Leistung. 2007 registrierte Booz in Deutschland, Österreich und der Schweiz bei jedem fünften börsennotierten Unternehmen einen Wechsel in der Konzernspitze. Fast doppelt so oft wie im Jahr davor zog der Aufsichtsrat die Notbremse und feuerte einen Top-Manager.

Auch in der zweiten Reihe ist die Fluktuation hoch. Nach außen wird dies nur weniger sichtbar. Wenn hier ein Kopf rollt, erfährt die Öffentlichkeit das nicht aus der Tagesschau, sondern höchstens aus dem Wirtschaftsteil der großen Zeitungen – gerne mit der Standard-Formulierung „Wir haben uns im gegenseitigen Einvernehmen getrennt und Herrn N. freigestellt." Man wünsche dem Scheidenden „für seine Zukunft alles Gute".

Der erfahrene Wirtschaftsjournalist weiß, was das bedeutet. Und bisweilen sagt er dies auch dem Leser: „Solche Floskeln schreiben Personalchefs Mitarbeitern ins Zeugnis, über deren Abgang sie froh sind."[1]

Ein klares Indiz für den schnellen und unfreiwilligen Abgang eines Managers ist es, wenn das Unternehmen noch keinen Nachfolger präsentieren kann. Manchmal erfährt der Journalist dann etwas hinter vorgehaltener Hand: „In Bankenkreisen heißt es, dass S. sein Büro sehr schnell habe räumen müssen."[2]

Ein Hauptgrund für diese unfreiwilligen Abgänge sind interne Machtkämpfe. „Aus Firmenkreisen heißt es, die Chemie zwischen V. und W. habe schon seit geraumer Zeit nicht mehr gestimmt."[3]

Auch bei Firmenübernahmen oder Fusionen blieben viele Top-Manager auf der Strecke. Im deutschsprachigen Raum ging 2006 schon jeder fünfte Abgang auf dieses Konto. Experten rechnen damit, dass dieser Anteil weiter steigt.

Die Überlebenden lässt dies nicht kalt. Nach einer Studie des Deutschen Führungskräfteverbands von 2007 macht sich jeder vierte Manager Sorgen um seinen Arbeitsplatz.

Genauso viele haben schon gehört, dass Firmen haltlose Behauptungen aufstellen oder falsche Spesenabrechnungen heranziehen, um unliebsame Manager loszuwerden. Und jeder Siebte sagt: „Man darf sich nichts vormachen. In dieser Zeit kennen Arbeitgeber kaum noch so etwas wie ein schlechtes Gewissen."

II Sicherheit war gestern

Das leise Scheitern: Beobachtungen eines Management-Trainers

Nicht jeder Karrierebruch beginnt mit einem Paukenschlag. Nicht jedes Scheitern unserer beruflichen Lebensplanung wird für Außenstehende auf Anhieb sichtbar. Auch jenseits von Burnout, Insolvenz oder Kündigung gibt es im Berufsalltag Dinge, die dem Betreffenden signalisieren: Du bist raus.

Vor allem in Großunternehmen gibt es dafür Codes. Der Berliner Coach und Management-Trainer Joachim Selter kennt die geheimen Signale des Scheiterns: „Man wird mit bestimmten Aufgaben nicht mehr betraut. Es gibt keine Chance, sich zu profilieren, vor höheren Führungskreisen etwas vorzustellen, bestimmte Projekte zu managen. Es werden einem eher Mitarbeiter weggenommen als zugewiesen. Bei Veränderungsprozessen werden die Bedingungen und Ressourcen immer schlechter: Etat, Aufgaben, Verantwortung."

Wir könnten jetzt denken: Das passiert nur denen, die zu wenig leisten, die die Erwartungen der Firma nicht erfüllen, inhaltlich oder als Führungskraft. Doch Selter kennt auch andere Gründe, warum jemand in Ungnade fällt. Manchmal reiche es schon aus, wenn der eigene Chef gefeuert wird. Dann könne auch dessen loyaler Mitarbeiter unversehens im Regen stehen. „Jemand, der aufs falsche Pferd gesetzt hat, der gerät entweder in den Strudel dessen, der das Unternehmen verlässt, oder er hat danach kaum noch Chancen und kommt einfach nicht mehr weiter. Der wird kaltgestellt."

Unbeliebt machen sich aus Selters Sicht auch Mitarbeiter, die zu eigenständig denken, die zu kritisch sind und auch dem Vorgesetzten gegenüber offen ihre Meinung sagen. „Die werden dadurch bestraft, dass es für sie keinerlei Bewegung mehr gibt. Die sind dann mit Mitte 50 noch auf der ersten Führungsebene. Und das Schlimme ist, dass sie dann auch den Ruf bekommen: Hier passiert nichts mehr. Die machen auf der horizontalen Ebene ihren Job, vielleicht auch ganz gut, aber sie haben keinerlei Entwicklungschancen mehr."

Das Aus für meine Karriere kann es auch bedeuten, wenn ich signalisiere, dass mir andere Dinge wichtiger sind als die Firma – und sei es auch nur auf Zeit. Selters Erfahrung: Vor allem stark leistungsorientierte Unternehmen sehen so etwas nicht gerne. „Ich kenne den Fall einer jungen Führungskraft eines großen Konzerns. Fachlich unangefochten fit. Der hat es gewagt, ein Erziehungsjahr zu beantragen. Es gab keine offene Ablehnung, aber er hat es zu spüren bekommen. Einige Projekte, die er gerne betrieben hat, haben andere bekommen, oder er wurde nicht mehr nach seiner Einschätzung gefragt – er war ja bald nicht mehr da. Und nach dem Erziehungsjahr, berichtete er, ist alles anders gewesen. Er hat keinen Fuß mehr auf den Boden gekriegt und wurde in der Abteilung nicht mehr richtig einbezogen, nach dem Motto: Du hast Dir ein Jahr Zeit genommen, was anderes zu tun. Deine Schuld. Jetzt musst Du sehen, wie Du wieder reinkommst. Er hat auch seine alte Stelle nicht wiederbekommen, sondern musste einen anderen Job übernehmen, der ihm keinen Spaß machte."

Offen angesprochen werden diese Themen kaum. Als Management-Trainer hat es Selter so gut wie nie erlebt, dass bei firmeninternen Schulungen jemand über diese Dinge spricht. „Das wird tabuisiert. Die Teilnehmer präsentieren sich in der Regel als leistungsfähig, erfolgreich und sozial kompetent. Niemand will sich eine Blöße geben, man steht quasi im Wettbewerb. Manchmal erfahre ich in der Pause im Zwiegespräch oder am Rande solcher Seminare schon auch etwas über schwierige Karrierebedingungen, über Brüche oder über Scheitern, aber das ist dann inoffiziell."

Das große Schweigen ist in Selters Augen auch eine Folge der Personalentwicklung, vor allem in Großunternehmen. Die offiziellen Karrierepfade für Führungskräfte weisen linear nach oben, und dahinter steht unausgesprochen das Prinzip: Wer gut ist, der schafft das auch. „Und da dann als einzelner zu sagen vor einer Gruppe erfolgreicher Kollegen: ‚Bei mir klappt das nicht', das ist schon sehr schwierig."

Wo die Karriere das Normale ist, wird Scheitern zum Problem des Einzelnen. Nach dem Motto: Wer sich anstrengt, kommt vorwärts. Wer es nicht schafft, der hat versagt. Und nach Selters Einschätzung wird sich dieser Mythos halten, denn es gebe weiterhin sehr viel mehr erfolgreiche Karrieren als gescheiterte. „So lange das so ist, wird dieser Mythos und dieser Interpretationsmechanismus aufrechterhalten. Dann heißt es: Der hat es halt nicht geschafft, der war nicht stark genug. Oder: Der hat Pech gehabt, vielleicht wegen persönlichen Gründen. Oder: Der wollte nicht. Also ich glaube nicht, dass sich daran etwas ändert."

Die Kollegen eines Betroffenen verhalten sich nach Selters Erfahrung systemkonform. Sie übernehmen die offizielle Haltung des Hauses und wenden sich ab. Am deutlichsten wird dies für denjenigen spürbar, der gekündigt wird oder von sich aus geht. „Wenn jemand nach einem Prozess des Scheiterns das Unternehmen verlässt, verlässt er damit auch bestimmte Freundeskreise. Das ist ein deutlicher Bruch, der sich bis ins Privatleben erstreckt. Solidarität gibt es in solchen Situationen oft nicht. Da kann man noch ein bisschen Interesse heucheln am Anfang, aber eigentlich ist der Zweck des Bündnisses hinfällig, wenn der Betreffende nicht mehr da ist. Das habe ich ein, zwei Mal erlebt, und das verläuft für die Betroffenen sehr enttäuschend, weil sie die Illusion hatten, dass ihre Netzwerke oder Freundschaften tragfähiger sind."

Netzwerke sind in Selters Augen Zweckbündnisse und er rät, sie nüchtern zu betrachten. „Es gibt eben Tendenzen, sich mit Leuten zu verbünden, von denen man auch was hat. Man investiert in eine Beziehung zu anderen und möchte dann auch was kriegen. Altruismus sehe ich da nicht. Und bei aller Sympathie, die Leute auch füreinander haben: Der Netzwerk-Gedanke ist ja ein geschäftlicher. Kontakt machen, weiterkommen, sich abgrenzen gegen andere, Informationen intern austauschen, das sind ja die Funktionen eines Netzwerks. Und wenn jemand seine Funktion nicht mehr erfüllt: Warum sollte er dann noch im Netzwerk bleiben?"

Das große Unbehagen – Erkundungen einer Arbeitssoziologin

Almut Kirschbaum hat nicht nur mit Managern zu tun. Bei einem Projekt des Wissenschaftszentrums Berlin für Sozialforschung WZB befragte sie Berufstätige aus allen Bereichen, vom hochqualifizierten Angestellten bis zum Schichtarbeiter. Bei der Auswertung der Interviews fanden die Arbeitssoziologin und ihre Kollegen viele Gemeinsamkeiten – quer durch alle Hierarchieebenen. „Allgemein ist es die Erfahrung von Unsicherheit. Das hat nicht automatisch psychosomatische Folgen, aber man kann schon von Verunsicherung sprechen. Es gab Entlassungswellen, Auftragsschwankungen, Kurzarbeit."

Manche berichteten, dass Kollegen ohne ersichtlichen Grund entlassen wurden. Andere erlebten, wie ihre Firma aus dem Tarifvertrag ausstieg und Bereiche in Tochterunternehmen auslagerte – oder gleich in Billiglohnländer. Viele sagten: Ich weiß nicht, wie es für mich weitergeht. Sie machten die Erfahrung: Karrierewege sind nicht mehr planbar. – Das ist neu. Natürlich gab es auch früher keine Karriere-Garantie. Aber man wusste, was man tun muss, um seinen Weg zu machen. Heute gibt es diese Sicherheit nicht mehr.

Als Arbeitssoziologin registriert Kirschbaum auch die längerfristige Entwicklung: Für den Einzelnen ist der Beruf heute mehr als früher auch ein Ort der Selbstverwirklichung. Auf der anderen Seite fordert die Wirtschaft immer stärker, dass sich die Beschäftigten wechselnden Anforderungen anpassen: lebenslanges Lernen und maximale Flexibilität, örtlich wie zeitlich. Und bei immer mehr Positionen verlangen die Firmen, dass sich die Beschäftigten innerhalb des vorgegebenen Rahmens selbst organisieren und steuern. „Dass ich sozusagen die betrieblichen Kalküle verinnerliche und im Sinne des Unternehmens arbeite und dazu auch bereit bin. Konkret heißt das: Dass ich also auch am Wochenende in meine E-Mails schaue. Dass ich, in einem Projekt oder bei einem Auftrag, Deadlines einhalte, so wie sie der Betrieb oder mein Geschäftspartner vorgeben."

Der umfassende Zugriff des Unternehmens auf den Einzelnen ist für Kirschbaum eine Folge des globalen Wettbewerbs. Doch in ihren Interviews hörte sie sehr deutlich: Auch wer als Beschäftigter alle Anforderungen erfüllt, kann sich deshalb nicht auf der sicheren Seite fühlen. „Es gibt Einbrüche. Die gemeinsame Erfahrung ist die von Unsicherheit im Job, auch wenn man ein festes Arbeitsverhältnis hat. Diese Unsicherheit ist allgegenwärtig."

Dazu kommt das Thema Altersvorsorge. Viele Beschäftigte sagen inzwischen: Ich erwarte da nicht mehr viel, weder vom Betrieb noch vom Staat. Jüngere reagieren mit Desinteresse auf die dauernden Vorsorge-Aufforderungen, etwa im Gespräch mit der Bankberaterin oder mit dem Vorgesetzten. „Dort heißt es immer: Du musst an Deine Rente denken. Aber mit 20 denkt man daran, sein erstes Auto zu kaufen oder höchstens einen Bausparvertrag abzuschließen. Aber man denkt nicht unbedingt daran, jeden Monat 150 Euro in eine private Lebensversicherung zu zahlen."

Früher war die Berufswahl oder die Wahl des richtigen Arbeitgebers eine Art Lebensversicherung. Wer eine Stelle bei Siemens oder bei Daimler-Benz hatte, der wusste sich versorgt. Heute ist das anders. „Die Jüngeren erleben, dass die Betriebe nicht mehr die gleichen Sicherheitssysteme bieten, wie die Elterngeneration es noch erlebt hat. Wo der Vater gesagt hat: Geh' mal zur Bank, dann hast Du einen sicheren Job."

Inzwischen lässt die Globalisierung in Deutschland selbst Zukunftsbranchen wie die Handyproduktion wegbrechen. Und auch in vermeintlich sicheren Bereichen wie in der Hightech-Branche oder im Luftverkehr sind nach Einschätzung von Almut Kirschbaum die Arbeitsbedingungen anders als früher. „Auch dort hat sich viel verändert. Man muss beweglicher sein, die neuen Anforderungen nach mehr Flexibilität und Selbststeuerung verinnerlichen, und man muss verstehen, was von einem gefordert wird. Man muss reagieren können und vor allem agieren. Das hat die Elterngeneration in diesem Ausmaß nicht erlebt."

Wer seit 30 Jahren im selben Betrieb beschäftigt ist, erfährt diese Veränderungen am eigenen Leib. Die Zeiten sind vorbei, in denen man es mit 50 etwas ruhiger angehen konnte. Früher konnte man davon ausgehen: Am Anfang arbeite ich hart, aber dann lässt der Druck allmählich nach, ich kann mit meinen verbleibenden Kräften haushalten und komme gut hin bis zur Rente. Inzwischen geht der Trend dahin, bis zuletzt volle Leistung zu fordern. Und viele fragen sich deshalb: In welcher Verfassung werde ich sein, wenn ich in Rente gehe?

Risiko rund um die Uhr: Richard Sennetts „flexibler Mensch"

Niemand hat die Regeln und Risiken des modernen Berufslebens so auf den Punkt gebracht wie Richard Sennett. In seinem Buch „Der flexible Mensch" beschreibt der Soziologe die tiefgreifenden Veränderungen durch die Arbeitswelt und die Folgen für unsere Lebensplanung. Das neue Grundmuster ist in seinen Augen: nichts Langfristiges.

„In der Arbeitswelt ist die traditionelle Laufbahn, die Schritt für Schritt die Korridore von ein oder zwei Institutionen durchläuft, im Niedergang begriffen." Auch eine qualifizierte Ausbildung reiche nicht mehr für das ganze Berufsleben. „Heute muss ein junger Amerikaner mit zweijährigem Studium damit rechnen, in 40 Arbeitsjahren wenigstens elf Mal die Stelle zu wechseln und dabei seine Kenntnisbasis wenigstens drei Mal auszutauschen."[4]

Der moderne Mensch ist rundum flexibel. Er tut, was zu tun ist, wann und wo immer es verlangt wird. Tiefe Bindungen passen nicht zu dieser Berufseinstellung. Echte Loyalität zu einem Arbeitgeber ist eher ein Hemmschuh – und ein Einfallstor für Verletzungen, falls die Firma einen fallen lässt. „Distanz und oberflächliche Kooperationsbereitschaft sind ein besserer Panzer im Kampf mit den gegenwärtig herrschenden Bedingungen als ein Verhalten, das auf Loyalität und Dienstbereitschaft beruht."[5]

Langjährige, tiefe Bindungen weichen kurzfristigen Zweckbündnissen: dem Netzwerk oder dem Team, das Sennett eine „vorgetäuschte Gemeinschaft"[6] nennt. Netzwerke behindern Umstrukturierungen weniger als feste Strukturen. „Die Verbindung zwischen den Knotenpunkten ist loser; man kann einen Teil entfernen, ohne andere Teile zu zerstören, zumindest in der Theorie. Das System ist fragmentiert, hierin liegt die Gelegenheit zur Intervention."[7]

Flexibilität heißt auch: Alles ist bedroht. Was ich heute aufbaue, muss ich vielleicht morgen schon wieder einreißen. Wer heute als Manager neue Geschäftsbereiche erschließt, wer Firmen kauft und Hunderte Leute einstellt, muss vielleicht morgen schon restrukturieren: die Mitarbeiter feuern, die Firmen verkaufen, die Geschäftsbereiche wieder schließen.

Wer sich behaupten will in dieser riskanten Welt, muss nicht nur gut sein, sondern vor allem besser als andere. „Unter diesen Bedingungen entsteht eine Art extremer Risikobereitschaft, bei der zahlreiche junge Menschen darauf setzen, zu den Auserwählten zu gehören."[8] Alle wollen den

Hauptgewinn. Sennett zitiert eine Untersuchung: Von einer Million US-Hochschulabsolventen schätzten 70 Prozent ihre Führungsqualitäten als überdurchschnittlich ein.

Die Möglichkeit des Scheiterns kommt in dieser Denkweise nicht vor. „Es gibt jede Menge populärer Sachbücher über den Weg zum Erfolg, aber kaum eines zum Umgang mit dem Scheitern. Wie wir mit dem Scheitern zurechtkommen, wie wir ihm Gestalt und einen Platz in unserem Leben geben, mag uns innerlich verfolgen, aber wir diskutieren es selten mit anderen."[9] Sennett nennt das Scheitern denn auch das „große Tabu der Moderne".

Dabei ist das Scheitern für ihn die logische Folge aus dem Prinzip totaler Flexibilität und universeller Konkurrenz. Scheitern ist nicht länger nur ein Risiko der Armen und Unterprivilegierten, sondern es reicht weit hinein in die Mittelschicht. „Der Markt, auf dem der Gewinner alles bekommt, wird von einer Konkurrenz beherrscht, die eine große Zahl von Verlierern erzwingt."[10]

Stress als Dauerzustand: Aus der Praxis einer Betriebsärztin

„Ich denke, Wandel und Veränderung sind in der heutigen Arbeitswelt nicht mehr wegzudenken. Und das wird auch noch eine ganze Weile so bleiben" – Marianne Engelhardt-Schagen weiß, wovon sie spricht. Die Arbeitsmedizinerin war 22 Jahre lang Betriebsärztin in einem großen Berliner Unternehmen. In dieser Zeit wurde die Firma völlig umgekrempelt, die Belegschaft schrumpfte von 14 000 auf 4 000 Beschäftigte.

Ganze Bereiche wurden in diesen Jahren geschlossen, andere neu strukturiert. Viele Beschäftigte mussten sich an komplett neue Tätigkeiten gewöhnen – und an neue Kollegen. „Nach meiner Erfahrung bewirkt das eine Verunsicherung bei vielen Mitarbeitern. Diese neuen Anforderungen zu bewältigen, sich keine Blöße zu geben. Aber auch zu erleben, dass es manchmal nicht gleich klappt, weil der neue Bereich nicht so überschaubar ist, weil gewohnte Verbindungen und gewohnte Arbeitsgemeinschaften aufgebrochen werden."

Das muss nicht nur negativ sein. Die Arbeitsmedizinerin weiß: In Veränderungsprozessen stecken auch viele Chancen. „Sei es, dass man Fähigkeiten an sich entdeckt, von denen man nicht im Traum gedacht hatte, dass man sie hat. Oder wenn erst mal die Phase der Verunsicherung vorbei ist, dann kann das Neue auch Spaß machen. Bei manchen Menschen, wenn man die nach einem oder anderthalb Jahren wiedertrifft, hört man auch Äußerungen wie ‚Ich bin froh, dass ich diese Phase durch habe, und jetzt bin ich gut angekommen, und es macht mir Spaß, und ich denke, es war das beste, was mir passieren konnte.' Aber der Übergang, wenn die neue Balance noch fehlt, das ist eine schwierige Phase."

In solchen Zeiten wächst der Stress. Und wenn ein Betrieb ständig in Bewegung ist, kann sich bei vielen Beschäftigten dieser Stress überhaupt nicht mehr lösen. „Am Anfang war noch so eine Hoffnung: Also, das stehen wir jetzt durch, und dann kommt wieder eine Ruhephase, wo sich alles setzen kann und man wieder weiß, wo oben und unten ist und wer für was zuständig ist. In Wirklichkeit jagt dann aber eine Veränderung die nächste, und es kommt keine Ruhe mehr rein."

Mit den Folgen war die Betriebsärztin oft konfrontiert: Bluthochdruck, Schlafstörungen, nicht abschalten können –

und die Angst zu versagen: „Wie soll ich damit umgehen? Ich schaffe das nicht mehr, es übersteigt meine Möglichkeiten."

Bluthochdruck diagnostizierte Engelhardt-Schagen früher vor allem bei über 50-Jährigen. Inzwischen gibt es dies nach ihrer Erfahrung schon bei 30- bis 35-Jährigen. Die Patienten werden immer jünger, und die Beschwerden ändern sich. „In meiner Anfangszeit als Arbeitsmedizinerin Anfang der 80er-Jahre waren es meist solche Themen wie körperlich schwere Arbeit, ich schaff' das nicht mehr mit meinen 55 oder 58 Jahren. Oder Sehprobleme von Älteren am Bildschirm. Heute ist es eher so, dass viele Jüngere mit Stress-Symptomen kommen. Stress gehört ja zum Leben dazu, aber die Intensität, in der Menschen jetzt darüber berichten, hat aus meiner Sicht etwas damit zu tun, dass viele das nicht gut ausbalancieren können: die Anforderungen durch die permanenten Umstrukturierungen im Betrieb und ihre eigenen Ressourcen, also die Möglichkeiten, mit dem Stress umzugehen."

Gefährlich werden kann es aus Sicht von Engelhardt-Schagen, wenn Betroffene nicht darüber sprechen, wie es in ihnen aussieht. Als Betriebsärztin machte sie die Erfahrung, „dass eher so eine Tendenz besteht, sich selber die Schuld zu geben. Also zu sagen: Ich schaff' es halt nicht, alle anderen scheinen das hinzukriegen, aber ich krieg' das irgendwie nicht wirklich geregelt, das muss an mir liegen."

Dies spiegelt sich aus ihrer Sicht auch in der Statistik wider. Von 1993 bis 2007 sank der Krankenstand bei Beschäftigten um fast die Hälfte, doch der Anteil psychischer Erkrankungen vervierfachte sich im selben Zeitraum. „Ich denke, das hat wirklich etwas damit zu tun, dass die Abgrenzungsmöglichkeiten der Menschen gegen diesen Strudel immer fragiler werden. Wenn ich im Dauerstress bin, dann schaukelt sich das Ganze auf, und irgendwann ist die Balance zwischen Verausgabung und Ressourcen so in der Schieflage, dass dann ein Burnout naht.

Und viele landen dann in der Depression, wenn ich immer wieder das Gefühl erlebe: Ich kann nicht wirklich etwas machen. Ich bin hilflos, ich bin ausgeliefert, ich hab' die Kontrolle nicht, es spült über mich hinweg."

Wenn Menschen übrig sind: Aus der Arbeit eines Coachs

Helmut Wall ist Psychotherapeut und Coach. In seinem Büro bei der Trainergemeinschaft Berlin sitzen immer wieder Menschen, deren Karriere zerbrochen ist. Für ihn sind das keine Einzelfälle. Schon im Studium hatte er gelernt: Die Zeiten von Lebensberuf und linearer Karriere sind vorbei. Gesellschaftlicher Wandel produziert Brüche.

„Wenn Strukturen nicht mehr gebraucht werden oder sich verändern, dann bleiben Menschen übrig. Manchmal bleiben auch Führungskräfte übrig, werden herabgestuft oder entlassen, und das erleben sie als absoluten Zusammenbruch, als individuelles Versagen. Natürlich schimpfen sie: ‚Wie können die mich entlassen?‘, aber letztlich wird es immer wieder als individuelles Versagen interpretiert. Oder ihre Stelle wird wegrationalisiert, und dann kriegen sie eine niedrigere Tätigkeit oder müssen als bisherige Führungskraft im selben Team als Mitarbeiter mitarbeiten. In der östlichen Philosophie würde man sagen: Sie verlieren ihr Gesicht."

Walls Erfahrung ist, dass viele Betroffene in ein tiefes Loch fallen, manche geraten sogar in eine psychische Krise. Nicht jeder braucht dann eine Therapie, aber ein professioneller Begleiter kann helfen, die eigenen Gedanken und

Gefühle zu sortieren. Gedanken, die viele auch in die Schlaflosigkeit treiben.

„Warum können sie nicht mehr schlafen? Weil sie dauernd grübeln: Was habe ich falsch gemacht? Wie soll das weitergehen? Manche sind so blockiert in ihren Gedanken, dass sie überhaupt kein Licht mehr am Ende des Tunnels erkennen können. Sie sehen keine Chance mehr.

Und diese Gedanken lösen dann auch die Gefühle aus: Angst, Hilflosigkeit – bis hin zu selbstzerstörerischen Gedanken. Zukunftsangst und Existenzangst sind klassische Merkmale. So dass diese Menschen auch in ihrem Verhalten beeinträchtigt sind. Wenn sie sich jetzt neu bewerben würden, sie hätten null Chance, weil sie überhaupt keine Ausstrahlung haben."

Hier beobachtet Wall, dass sich viele wegen ihres vermeintlichen Versagens schämen. Sie verschweigen ihren Zusammenbruch, ihre Entlassung oder die Insolvenz. Wo dies nicht geht, ziehen sie sich zurück. „Die Menschen lösen sich heraus aus sozialen Bezügen. Sie trauen sich nicht mehr, die Freunde anzurufen, weil sie ihre Lage tabuisieren. Oder sie werden von bestimmten Freunden indirekt stigmatisiert. Die anderen haben Arbeit, sind vielleicht erfolgreich. Und man selbst ist jetzt vielleicht der Außenseiter. Man hat jetzt keine Arbeit mehr und kann nicht mehr erzählen, wie toll man dort gewesen ist. Und das ist der nächste Schritt in die negative Richtung: Isolierung, Rückzug."

Als professioneller Begleiter steht Wall auch vor der Frage: Was braucht mein Gegenüber – Coaching oder Therapie? „Coaching ist Beratung für Menschen mit Management- und Führungsfunktionen. Diese Arbeit ist vorwiegend orientiert auf berufliche Situationen und Krisen. Es geht also um die Führungskraft und ihre aktuelle berufliche Situation – in der Krise oder im Prozess. Bei der Psychotherapie steht zunächst der Mensch mit starken psychischen und vielleicht auch körperlichen Störungen im Vordergrund, wobei das Thema Beruf möglicherweise einen auslösenden Grund darstellt."

Eine Hürde gibt es in beiden Fällen, bei Coaching wie Therapie: die Bereitschaft, fremde Hilfe in Anspruch zu nehmen. Damit muss sich jeder auseinandersetzen, der bei Helmut Wall an der Tür klingelt. „Ich mache jedem Komplimente, der diese Hürde überwindet, zu mir zu kommen. Je erfolgreicher die Führungskräfte waren, desto mehr haben sie das doch ihren eigenen Fähigkeiten zugeschrieben. Und daraus können solche Allmachtsphantasien entstehen: Es hängt alles nur von mir ab. Mein Erfolg hängt nur von mir ab. Und aus diesen positiven Gefühlen leiten sie dann auch ab: Ich bin selbst daran schuld, dass meine Karriere zerbrochen ist. Und sie versuchen dann, sich selbst zu helfen."

Auch im Coaching selbst kommt dieses Thema immer wieder auf den Tisch. „Ich höre dann Sätze wie ‚Wer kann mir denn helfen?' oder ‚Früher habe ich gedacht: Mir kann sowieso niemand helfen, ich kann mir nur selber helfen.' Und dann sage ich den Leuten: Ja, was machen Sie denn, wenn Ihr Auto kaputt ist? Da nehmen Sie doch auch professionelle Hilfe in Anspruch. Und nicht anders verstehe ich mich in meiner Arbeit als Coach – als professioneller Dienstleister."

III Nach dem Karrierebruch

„Mir war alles egal" (Thomas von Mouillard)

Mit dem Zusammenbruch hat die tägliche Hetze für Thomas von Mouillard ein Ende. Er ist krankgeschrieben und hat damit offiziell die Erlaubnis: Ich darf mich jetzt ausruhen. Die erste Woche erlebt er sehr zwiespältig. „Auf der einen Seite fühlte ich mich unheimlich mies, körperlich und auch geistig. Ich fühlte mich schwach und richtig krank. Auf der anderen Seite erinnere ich noch ganz genau: Es war irgendwie eine unheimliche Befreiung. Wenn man erst einmal an dem Punkt ist, wo man sagt: Jetzt ist mir alles egal. Und in dem Moment war mir eigentlich auch schon klar, dass ich in meinen alten Job mit den ganzen Belastungen mit Sicherheit nicht wieder rein wollte. Und eine der ersten definitiven Entscheidungen, die ich damals schon für mich getroffen hatte, war: In den alten Job gehst Du nicht zurück."

Der Befund des Arztes lautet auf schwere depressive Erschöpfung. Einen Klinik-Aufenthalt hält er nicht für erforderlich, stattdessen empfiehlt er eine ambulante Gesprächstherapie. In der ersten Zeit sehen sie sich drei Mal die Woche, und Thomas von Mouillard erkennt bald, dass dieser Prozess dauern wird. „Im Februar war mir eigentlich schon klar, dass ich eine gewisse Zeit brauchen würde, um mit mir selbst ins Reine zu kommen und auch zu wissen, was ich will und in welche Richtung es weitergehen soll."

In der Therapie hat er Gelegenheit, seine neuen Wünsche zu verteidigen gegen die inneren Antriebskräfte, die ihn in den Zusammenbruch gesteuert haben. „Das war nicht so sehr, dass ich das Gefühl gehabt hätte, ich wäre in meinem Job gescheitert. Sondern es war das Gefühl, dass ich sozusagen nicht mehr meine Pflicht erfüllt habe. Das hatte sicherlich auch mit meiner Erziehung zu tun. Preußisch ist zu viel gesagt, aber es war eine Erziehung zu ‚Wenn Du was machst, dann machst Du es richtig. Du machst es ganz, Du engagierst Dich und beißt die Zähne zusammen.‘ In dieser Situation habe ich erst richtig gemerkt, wie sehr das in mir drin steckte. Und davon musste ich mich dann auch erst mal lösen.“

Lernen muss er, bei allem Engagement wieder mehr Distanz zu seiner Arbeit zu gewinnen, sich abzugrenzen und notfalls auch Nein zu sagen. Ein dreiviertel Jahr später wird er dann auf die Probe gestellt, und er wird die Prüfung bestehen.

Aber noch ist es nicht so weit. Zunächst geht es um die Frage, wie Thomas von Mouillard künftig leben und was er arbeiten will. Seine bisherige Position hat er schnell abgeschrieben, und zeitweilig denkt er sogar daran, den Journalismus zu verlassen. „Selbst bei so einem seriösen Medium wie dpa – wenn ich in jenen Wochen als Nachrichten-Konsument gesehen habe, was da so an täglichen Säuen durchs Dorf getrieben wird, und wie schnell sich diese Dinge wieder in Luft auflösen, da hatte ich schon eine Phase, wo mich das sehr angewidert hat und wo ich gedacht habe, eigentlich willst Du damit gar nichts mehr zu tun haben.“

Scham empfindet er nicht wegen seines Zusammenbruchs. Auch Wut auf die Firma spürt er nicht. Das stärkste Gefühl ist zunächst die Enttäuschung darüber, dass er dem

Anspruch an seine Arbeit nicht mehr gerecht geworden ist. Aber das wird schnell überlagert von seinem Gefühl des befreit Seins. „Das war eigentlich das vorherrschende Gefühl: Sagen zu können, Du kümmerst Dich jetzt nicht mehr. Jetzt wird sich mal um Dich gekümmert. Also so ein Gefühl: nach mir die Sintflut."

In dieser Zeit liebäugelt er mit ganz anderen Lebensentwürfen. Angefangen von einer Ziegenfarm in Südfrankreich über Taxi fahren wie einst als Student bis zur Idee, eine Buchhandlung zu eröffnen oder, noch besser, ein Antiquariat. Ziegen und Taxis sind schnell passé, das Bücherprojekt dagegen verfolgt er ernsthaft – bis hin zu Business-Plänen. Ein Zufall öffnet ihm dann die Augen und er erkennt, wie schwierig das Geschäft mit alten Büchern ist.

Seine wichtigsten Gesprächspartner in dieser Zeit der Bilanz und der Neubesinnung sind sein Therapeut und seine Frau. Als sich die Nachricht von seinem Zusammenbruch verbreitet, melden sich auch Kollegen, doch in der ersten Zeit ist ihm das alles zu viel. „Das war eher eine Belastung. Weil ich auf der einen Seite das Gefühl hatte, Du musst da in irgendeiner Form reagieren. Auf der anderen Seite wollte ich das nicht und konnte das damals auch nicht. Ich glaube, in einer solchen Situation ist es gut, den betroffenen Menschen erst mal in Ruhe zu lassen und zu warten, bis jemand wieder in der Lage ist, von sich aus soziale Kontakte aufzunehmen."

Freunde signalisieren ihm: Wann immer Du das Gefühl hast, mit jemandem reden zu wollen, wir sind da. – Nach einer gewissen Zeit nimmt er zu einigen Kontakt auf. Er erzählt, was ihm widerfahren ist und was ihn jetzt bewegt. Manches davon hat er für sich auch in diesen Gesprächen geklärt.

Eine Grundentscheidung trifft er gleich zu Beginn: Ich benenne die Dinge klar und verstecke mich nicht. Ein Tabu soll sein Zusammenbruch nicht werden. „Ich habe mir sehr früh vorgenommen, auch aufgrund der Gespräche mit meinem Arzt, sehr offensiv mit dieser Geschichte umzugehen, also da nicht hinter dem Berg zu halten und irgendwelche Märchen zu erzählen, sondern zu sagen, wie es mir ergangen ist und was mit mir passiert ist. Weil ich glaube, nur so kann man mit so einer Situation umgehen. Mir war sehr schnell klar, wenn ich mein normales Leben wieder aufnehmen will in meinem alten Freundes- und Kollegenkreis, dann kann das nur so funktionieren. Das heißt nicht, dass ich damit hausieren gehe, aber wenn jemand fragt, dann erzähle ich das."

Und dann erlebt Thomas von Mouillard etwas Erstaunliches. Der scheinbar Gescheiterte wird für Freunde und Kollegen zum Experten und Ansprechpartner für die Gefahren des Burnout. „Was mir aufgefallen ist, war die ganz interessierte Nachfrage: Wie war das denn eigentlich? Was für Symptome gab es, wie hat sich das entwickelt? Das heißt, dahinter steckt auch die Sorge: Wie ist das eigentlich bei mir? Bin ich möglicherweise auch schon auf dem Weg dahin? – Das ist ganz eindeutig zu spüren. Und ich habe durchaus das Gefühl, dass es für den einen oder anderen auch hilfreich sein kann, wenn man über solche Dinge spricht und auch die Gefahren aufzeigt, in denen viele von uns stecken. Ich gehe aber nicht auf die Leute zu und sage: Du hast reichlich Ringe unter den Augen."

Im Rückblick auf die Monate im Krankenstand sagt er auch offen: Ich habe Glück gehabt. Er hat einen Therapeuten, und seine Frau steht zu ihm. „Es hat sich in dieser Situation gezeigt, dass wir eine sehr stabile Beziehung haben.

Das war eine unheimliche Hilfe. Das ist ja auch für den Partner nicht ganz einfach. Von einem Tag auf den anderen hatte meine Frau einen Menschen rumsitzen, der völlig neben der Kappe war, nachdem sie vorher von morgens um sieben bis abends um acht ihre eigenen Wege gehen konnte. Das war eine unheimliche Umstellung für meine Frau, aber das ging Gott sei Dank problemlos, wofür ich ihr sehr dankbar bin."

Auch dpa gibt ihm die Zeit, die er braucht. Die Firma setzt ihn nicht unter Druck, und von seinem Arzt hört er dann, dass diese Rücksicht keine Selbstverständlichkeit ist. „Der kennt viele solcher Fälle und hat eben auch erzählt, dass Leute bei Start-ups und in der New Economy ganz schön geprügelt sind. Nicht nur, dass sie krank sind, sondern da kommt dann eben auch noch dieser Druck dazu, den ich zum Glück überhaupt nicht hatte."

Nach und nach freundet er sich mit dem Gedanken an, doch Journalist zu bleiben – und auch bei dpa. Er mochte die Firma immer, und er fühlte sich dort wohl. Seine erste Überlegung ist, wieder als Korrespondent ins Ausland zu gehen. Doch dann merkt er: Seine Prioritäten haben sich verschoben. „Es war mir sehr schnell klar, dass ich sehr ungern aus meinem sozialen Umfeld raus wollte, das mir eben auch in dieser Krankheitszeit unglaublich geholfen hat. Nicht nur meine Familie, sondern auch mein Freundeskreis. Das war erstaunlich, denn früher war das für mich nicht so wichtig, da stand unser eigenes Interesse im Vordergrund."

Damit ist die Entscheidung gefallen. Er bleibt in Hamburg und wird einfacher Redakteur in der Zentrale. In der dpa-Hierarchie rangiert er künftig drei Stufen unter seiner alten Position. Sechs Monate nach seinem Zusammenbruch fühlt er sich körperlich wieder fit und seelisch wieder im Gleichgewicht. Doch die letzte Hürde steht ihm noch bevor: der erste Arbeitstag in der Firma.

„Ich habe mich einfach geschämt" (Beate Berroth)

Beate Berroth kann sich keine Auszeit leisten. Drei Tage nach Schließung ihres Ladens beginnt sie als Verkäuferin in einem anderen Ulmer Modegeschäft. Doch der erste Versuch geht schief. Beate Berroth kann nicht aus ihrer Haut. Auch als Angestellte denkt und arbeitet sie wie eine Unternehmerin. Die anderen Verkäuferinnen machen Dienst nach Vorschrift und lassen die Neue auflaufen. Sechs Monate hält Beate Berroth durch, dann streicht sie die Segel. Später wird sie sagen, in dieser ersten Zeit nach der Insolvenz sei sie „schwerst traumatisiert" gewesen. Mehr als ein Mal habe sie auch an Selbstmord gedacht.

„Über mir hat ein junger Mann gewohnt, der eine Katze hatte. Der hat gemerkt, dass ich mich im Jahr 2000 immer weiter zurückgezogen habe. Und der hat dann irgendwann an meiner Tür geklingelt und gesagt: Was ist mit Dir los? Ich habe ihm gesagt: Ich weiß nicht, ob ich an Weihnachten noch lebe. Er hat nichts gesagt, aber eine Stunde später ist er wiedergekommen. Er hat mir seine Katze in den Arm gedrückt und hat gesagt: So, jetzt hast Du eine Aufgabe. Und das hat mich aufrecht gehalten, Verantwortung zu tragen für ein Tier."

Als Chefin des „Na und" war Beate Berroth in Ulm eine öffentliche Person. Nach der Insolvenz hat sie das Gefühl, auch persönlich den Boden unter den Füßen verloren zu haben. „Ich habe mich damals ganz massiv aus der Öffentlichkeit zurückgezogen. Ich bin nicht mehr zu Vernissagen gegangen, ich bin nicht mehr zu Eröffnungen gegangen, ich bin nicht mehr in Konzerte gegangen. Ich habe mich einfach geschämt, geschämt, geschämt. Als ich dann wieder auf die Straße gegangen bin, haben die Leute gesagt: Gott sei Dank, Dich gibt es noch."

Aber selbst in dieser schweren Zeit mangelt es ihr nicht an Ideen. Sie konzipiert einen Einkaufsführer und zieht vorübergehend einen Mode-Fabrikverkauf auf. Ein Jahr nach der Schließung des „Na und" findet sie beruflich eine neue Heimat: die Filiale eines anderen Ulmer Modegeschäfts. Hier steht sie alleine im Laden, missgünstige Kolleginnen gibt es nicht. Beate Berroth atmet auf.

Die Geschäftsinhaber lassen ihr freie Hand. Sie wissen um ihren Ruf als Verkäuferin und als Mensch, der andere Menschen anzieht. In der Filiale im historischen Ulmer Fischerviertel ist Beate Berroth in ihrem Element. Und sie ist weit mehr als eine normale Verkäuferin. Gemeinsam mit ihrer Chefin fährt sie wieder auf Messen und kauft zwei Mal im Jahr die neue Kollektion für den Laden ein. „Meine Chefs profitieren davon. Die haben sehr klug gehandelt, mich zu nehmen. Wir haben sehr viele Marken, die ich in meinem eigenen Laden verkauft habe,wo ich den Kontakt zu den Herstellern geknüpft habe. Ein paar der Firmen, die ich jetzt verkaufe, sind Firmen, die ich aus meinem Laden hatte. Und auch viele Kunden habe ich da unten mit reingebracht. Die Leute wissen: In dem Laden im Fischerviertel ist jetzt die Beate."

Einige Zeit später beginnt sie eine Therapie. Ihre Insolvenz ist dort nicht das Hauptthema, aber sie kommt immer wieder zur Sprache. Und im Rückblick sieht Beate Berroth den Zusammenbruch ihrer Existenz mit anderen Augen.

Jetzt sagt sie: Ich bin zu schnell eingeknickt. Ich habe zu schnell Ja gesagt zu den Forderungen der anderen Seite. „Da kam zur Sprache, warum ich mich als Frau von Männern habe klein machen lassen: Finanzamt, Vermieter, Insolvenzverwalter und dieser Steuerberater." Sie habe sich überrumpelt gefühlt und deshalb klein beigegeben. Die Kündigung durch ihren Vermieter habe sie nicht in Frage gestellt. „Als er im Januar sagte: Am 29. April bist Du draußen, da habe ich mit keinem Wort gesagt: Wie kommst Du darauf? Das will ich schriftlich. Da hätte ich mich widersetzen können. Aber ich habe einfach gedacht: Das ist Dein Vermieter. Und ich habe ein schlechtes Gewissen gehabt und gedacht: Wenn ich den Laden nicht habe, bin ich insolvent. In der Therapie ist mir klar geworden, dass ich mir mehr Zeit hätte lassen müssen. Das ist etwas, was ich versucht habe, in der Therapie zu lernen: mir die Dinge länger anzuschauen. Mit dem Finanzamt hat es sich dann ja gezeigt: Die geforderte Summe stand gar nicht an."

Dieser neue Blick auf den Zusammenbruch ihres Ladens macht es Beate Berroth schwer, in der Therapie innerlich Abschied zu nehmen und sich mit dem Vergangenen zu versöhnen. Auch im Alltag wird sie ständig mit Erinnerungen konfrontiert. „Weil mir immer wieder Menschen begegnen, die sagen: Ach, war das schön, Dein Laden. Innerlich weiß ich: Es ist nicht mehr mein Laden. Aber ich habe noch nicht wirklich Abschied genommen. Und versöhnt bin ich deshalb nicht, weil ich mich dadurch in diese schreckliche finanzielle Situation gebracht habe, in der ich jetzt bin. Ich weiß: Im Alter werde ich von 800 bis 900 Euro leben müssen. Da ärgere ich mich über mich selbst. Und deshalb kann ich es nicht abschließen."

Im Rückblick sagt Beate Berroth, damals habe sie sich in die Defensive drängen lassen, sie sei sich vorgekommen wie gelähmt. Und sie erinnert sich, dass dies zeitweilig auch körperliche Folgen hatte. „Ich hatte Lähmungserscheinungen. Wenn ich morgens aufwachte, war ich linksseitig gelähmt. Ich wusste nicht, was das ist. Dann bin ich irgendwann mal zu einem Arzt gegangen, und der hat festgestellt, dass es keine körperliche Lähmung ist, sondern dass die Ursache psychisch ist. Heute geht es mir so: Wenn ich morgens wieder einmal dieses Kribbeln in der linken Hand spüre, dann weiß ich: Es ist wieder irgendetwas, wo ich hinschauen sollte."

In der Therapie geht es auch um das Thema: Wie baue ich mich innerlich neu auf? Beate Berroth will sich beweisen: Ich kann etwas, ich bin gut. Kraft und Selbstbewusstsein schöpft sie in dieser Zeit aus der Zufriedenheit ihrer Kunden und aus dem guten Umsatz, den sie an ihrem neuen Arbeitsplatz macht. Von ihrer Therapeutin fühlt sie sich angenommen. „Die war sehr bestimmt, aber auch sehr mitfühlend. Da ging es nicht darum, mich zuzusülzen oder mich vom drohenden Selbstmord abzuhalten. Die Therapeutin war sehr ehrlich, und sie wusste auch, dass ich ehrlich bin. Sie hat mich sehr unterstützt."

Sicherheit gibt ihr in dieser Zeit auch ihre Wohnung. Hier lebte sie schon als Chefin des „Na-und" – zum Glück nur zur Miete, denn sonst hätte sie auch die Wohnung verloren. Und gerade nach der Insolvenz braucht sie diesen sicheren Ort. Wie sehr, wird ihr Jahre später nochmals schmerzlich bewusst werden. Die Wohnung wird verkauft und ihr selbst wird gekündigt werden, ihre hart erarbeitete neue Sicherheit wird zeitweilig zerbrechen.

„Ich musste mich komplett neu sortieren"
(Matthias Adams)

Bei Matthias Adams kam das Aus schneller als bei Beate Berroth. Am Montag ahnte der Topmanager noch nichts, am Dienstag musste er sein Büro räumen und das Haus verlassen. In der Industrie ist so ein Schnitt nicht unüblich, Firmen schützen sich damit vor Datendiebstahl und Racheakten. Matthias Adams kennt diese Spielregeln, trotzdem raubt ihm das Vorgehen der Firma zunächst die Fassung. „Dass es so kommen würde, hatte ich nicht erwartet. Vor allem auch deswegen, weil ich mich ja doch mit sehr vielen Leuten im Mutterkonzern sehr gut verstanden habe. Bis in die oberen Etagen hinein war das schon fast ein freundschaftliches Verhältnis."

Jetzt zählt das nicht mehr. Durch die Entscheidung des Aufsichtsrats ist Adams gleichsam verfemt. Viele Kollegen brechen den Kontakt zu ihm von einem auf den anderen Tag ab. Und so brutal das ist, aus der Logik des Konzerns heraus kann Adams seine Kollegen im Rückblick sogar verstehen. „Wenn sich das herumgesprochen hätte, dass sie zu jemandem Kontakt aufrecht halten, dem bestimmte Dinge angelastet werden – ich denke, das war einfach nicht opportun."

Da spielt es auch keine Rolle, dass die Vorwürfe gegen Matthias Adams nicht haltbar sind. Der Mutterkonzern setzt die Innenrevision auf den Fall an, und die kommt zum selben Schluss wie er in seiner Zeit als Finanzvorstand. Für Adams ist das eine Genugtuung, doch er bleibt der Sündenbock.

Jetzt kann er nur noch um einen fairen Aufhebungsvertrag kämpfen. Und hier will er auf keinen Fall klein beigeben. „Der ursprüngliche Aufhebungsvertrag, den die Firma mit mir schließen wollte, war unter aller Sau. So kann man mit Leuten nicht umspringen. Da habe ich dann dagegen gehalten. Es hat ein Dreivierteljahr gedauert, bis der Aufhebungsvertrag unter Dach und Fach war. Das ist dann sicherlich intern so kommuniziert worden, dass ich die Firma über den Tisch ziehen wollte."

Dies alles geht nicht spurlos an ihm vorüber. So spannend er das Projekt mit den Firmen-Zukäufen ursprünglich fand und so engagiert er seine Arbeit gemacht hat, nachdem er den Aufhebungsvertrag unterschrieben hat, ist er nur noch erleichtert. „Das waren ja wirklich drei, vier Monate richtiges Theater, das ich da an der Backe hatte. Angefangen mit der Restrukturierung und den ganzen Entlassungsgesprächen. Danach kamen noch das Theater mit meinem Kollegen und das Theater um den Auflösungsvertrag. Das hat alles dazu beigetragen, dass ich wirklich die Schnauze gestrichen voll hatte von der ganzen Geschichte und das für mich auch so ein bisschen als Befreiungsschlag empfunden habe."

Ende 2002 scheidet Matthias Adams offiziell aus der Firma aus. Er ist jetzt 35, er hat eine Menge Erfahrung, doch in einer solchen Lage war er noch nie. Seine erste Entscheidung lautete: Ich nehme mir eine Auszeit. „Mir war klar, ich muss mich komplett neu sortieren und mir überlegen: Wie soll es jetzt weitergehen? Ich habe dann meine Sachen gepackt und bin erst mal in den Schwarzwald gefahren."

Die Dauer dieser Auszeit ist zunächst offen. Matthias Adams hat keine Familie, und er hat fürs erste genug Geld. Von Freiburg aus unternimmt er Skitouren und lange Wanderungen. „Erst mal hatte ich überhaupt keine Idee, was ich machen soll. Ich habe alles von mir gewiesen und habe mich auch geweigert, in den ersten Wochen überhaupt konsequent darüber nachzudenken, weil ich einfach froh war, dass ich alles hinter mir hatte. Ich wollte auch erst mal den Freiraum gewinnen, um unvoreingenommen an die Sache heranzugehen."

Scham oder Schuldgefühle wegen des Karrierebruchs plagen ihn nicht. Er weiß: Ich habe meine Sache gut gemacht. Vielleicht hätte er hier und da diplomatischer sein können, aber die Richtung hatte gestimmt. Das Verhalten seiner Kollegen dagegen lässt ihn auch im Nachhinein nicht kalt.

„Das ist etwas, was ich unter menschlich-moralischen Gesichtspunkten überhaupt nicht nachvollziehen kann, dass man von einem auf den anderen Tag so fallen gelassen wird. Das ist etwas, was mich wirklich gekränkt hat und was mich heute noch ärgert. Man hat ja eng zusammengearbeitet und ist auch nach der Arbeit noch gemeinsam einen trinken gegangen, auch wenn es elf Uhr nachts war. Es war wirklich diese Start-up-Atmosphäre. Dass das aber nur oberflächlich gewesen ist, das ist für mich eine echte Enttäuschung."

Dennoch vergräbt er sich nicht und hadert nicht mit seinem Schicksal. Sein Optimismus ist stärker. Und er erkennt sehr schnell: Gerade das unfreiwillige Ausscheiden aus der Firma bietet ihm die Möglichkeit zur Bilanz und Neuorientierung. „Man kann ja so eine Situation auch nutzen. Ich habe mir gesagt, jetzt mache ich erst mal den Kopf frei und überlege: Was sind meine Stärken, was sind meine Schwächen? Worauf habe ich Lust, worauf habe ich keine Lust mehr?

Gesundheitlich tut ihm die Zeit in der Natur gut. Umso mehr wird ihm jetzt bewusst, dass er sich als Manager oft überfordert hatte. Er erinnert sich an Migräne-Attacken und an Situationen, in denen „die Batterie einfach leer war". Und er erinnert sich daran, dass körperliche Schwäche ein Tabu war.

Noch ist er nicht abgemeldet aus der Welt des Managements. Während seiner Auszeit treten mehrmals Headhunter an ihn heran, auch Freunde erzählen ihm von offenen Stellen. Doch Matthias Adams greift nicht zu. Für ihn geht es zunächst um die Frage: Wo will ich eigentlich hin? „Ist es wirklich das Arbeiten im Hamsterrad, dass man nur dieses ‚Schneller, Höher, Weiter'-Prinzip verfolgt? Oder gibt es irgendwelche Werte jenseits dieses Hamsterrades? Und da bin ich mir dann ziemlich bald darüber klar geworden, dass ‚Schneller, Höher, Weiter' nicht der Sinn des Lebens sein kann."

Professionelle Hilfe nimmt Matthias Adams in dieser Zeit nicht in Anspruch. Das meiste macht er auf seinen Touren durch den Schwarzwald mit sich selbst aus. Seine wichtigsten Gesprächspartner sind ein guter Freund und sein Vater. „Mein Vater war bei einem relativ großen deutschen Unternehmen in der Geschäftsführung, er ist mein Sparringspartner Nummer eins. Mit ihm habe ich eine ganze Menge besprochen. Er kennt mich und er weiß, was er mir raten kann. Und er ist jemand, auf dessen Rat ich vertraue, weil er eben einfach Erfahrung hat."

Nach und nach kristallisiert sich heraus, was ihm für seine künftige Arbeit wichtig ist: Er will Substanz schaffen. Etwas, was er der nächsten Generation hinterlassen kann. In seiner Arbeit als Berater und als Manager ging es nicht um Substanz. „Da rennt man irgendwelchen Strategien hinterher. Man arbeitet 80 oder 100 Stunden die Woche, man verdient viel Geld. Aber was habe ich am Ende des Tages? Ich habe vielleicht ein Bankkonto oder ein schönes Haus, aber ich habe keine Substanz geschaffen. Ich habe im besten Fall ein Unternehmen über den Tag gerettet. Aber ob mein Nachfolger es dann vielleicht gegen die Wand fährt, spielt keine Rolle."

Ein halbes Jahr dauert diese Auszeit, und am Ende bleibt kein Stein auf dem anderen. Matthias Adams wird sogar seine Verlobung lösen, und er verabschiedet sich aus der Welt der Großunternehmen. Er hat Bilanz gezogen und neue Prioritäten gesetzt, aber noch hat er keine Arbeit. Bis eines Tages ein Freund aus Berliner Zeiten anruft. Er ist Berater und sagt, er habe da einen kleinen Auftrag. Ihm reiche die Zeit nicht, aber vielleicht wolle Adams sich den Betrieb ja einmal anschauen.

IV Sich neu aufbauen

Wider Scham und Tabu: Reden im geschützten Raum

Nicht jeder von uns kann eine berufliche Krise alleine bewältigen oder hat einen Gesprächspartner im persönlichen Umfeld, der wirklich zuhören kann und keine vorschnellen Ratschläge gibt. Den anderen bleibt nur, sich professionelle Hilfe zu suchen. Das ist kein leichter Weg, wenn das Selbstwertgefühl ohnehin am Boden liegt. Ein möglicher erster Schritt: Ich vertraue mich meinem Arzt an.

„Ich hatte manchmal den Eindruck: Sobald die Menschen durch die Tür kommen, legen sie auch ein Stück ihrer mühsam bewahrten Fassung ab. Auf die schlichte Frage ‚Wie geht es Ihnen?' brechen sie dann in Tränen aus. Wenn man die Tür schließt, ist ein geschützter Raum da, in dem es nicht mehr so sehr um Tabus geht" sagt die Medizinerin Marianne Engelhardt-Schagen im Rückblick auf ihre Arbeit in einem Berliner Großunternehmen.

„Oft ist man ja als Betriebsarzt auch schon viele Jahre in der Firma, und die Leute kennen einen. In diesen großen Unternehmen hat der Betriebsarzt eine Vertrauensstellung, wo man dann auch mal die Maske ablegt. Und zwar wirklich quer durch die Hierarchien, vom Pförtner bis zum Vorstand."

Doch die wenigsten könnten von sich aus eine Verbindung herstellen zwischen ihren körperlichen Beschwerden und den Bedingungen am Arbeitsplatz. „Bei den meisten läuft das erst mal auf der Symptom-Ebene. Also Schlafstörungen, hoher Blutdruck, mein Herz klopft unkontrolliert, ich hab Verdauungsprobleme. Ich merke, ich bin viel ausgepowerter, wenn ich nach Hause komme. Manchmal möchte ich mir dann einfach nur noch die Decke über den Kopf ziehen.

Und dann fragt man als Arzt: Seit wann ist das so? Was ist passiert? Was war zu dem Zeitpunkt, als es begonnen hat, an Ihrem Arbeitsplatz los? Und man versucht, auf diese Weise langsam den Kontext zu erschließen. Man kann auch danach fragen, wie die anderen in der Abteilung mit der Situation umgehen: Haben Sie schon mal mit den Kollegen darüber gesprochen? Wie geht es den anderen?"

Medikamente helfen nach Engelhardt-Schagens Erfahrung in einer solchen Situation wenig. Ihr wichtigstes Rezept als Betriebsärztin hieß deshalb: zuhören. „Die Leute brauchen Zeit. Und sie brauchen die Möglichkeit, es auszudrücken. Mein Eindruck ist, und das sagen sie auch, dass sich beim Sprechen Dinge sortieren und angeschaut werden können; das eröffnet nochmals einen anderen Zugang.

Die Frau oder der Freund kann es abends irgendwann auch nicht mehr hören. Und beim Betriebsarzt hat man es ja mit jemandem zu tun, der auch den betrieblichen Kontext kennt. Das empfinden die Menschen als entlastend und als einen Weg, der ihnen Handlungsmöglichkeiten eröffnet."

Sich selbst stellte die Betriebsärztin auch die Frage: Was liegt möglicherweise an den Strukturen – und was ließe sich hier im Sinne von Prävention verändern? „Wenn in einer Abteilung zehn Prozent der Leute ähnliche Symptome schildern, dann muss ich mich schon auch fragen: Was hat das mit den Rahmenbedingungen zu tun? Wäre es nicht schlauer, bevor ich jetzt jedem ein Bluthochdruck-Mittel verabreiche, mal zu schauen: Wie können wir die Bedingungen möglicherweise so verändern, dass sie menschengerechter sind?"

Den Betroffenen versuchte sie immer, auch ein Stück Kontrolle über ihre eigene Situation zurückzugeben. „Also nicht einfach die Verantwortung abzugeben nach dem Motto: Der Doktor macht schon. Sondern wirklich gemeinsam zu überlegen: Was ist möglich? Nach meiner Erfahrung ist Stress-Erleben oft verknüpft mit Kontrollverlust, dem Gefühl, die Situation selbst nicht mehr in der Hand zu haben. Und deshalb ist es wichtig, gemeinsam hinzuschauen: Was liegt in meinem Handlungsbereich? Oder: Bin ich hier richtig? Will ich das weiterhin so haben?"

In den 22 Jahren als Betriebsärztin hat Marianne Engelhardt-Schagen eine große Veränderung beobachtet: Die Menschen wurden aufgeschlossener für den psychosomatischen Ansatz. „1985 oder 1987, wenn ich da einem Maschinisten oder einem Schlosser gesagt habe: Könnten Sie sich vorstellen, dass Sie sich einfach mal eine Auszeit gönnen, um wieder Ihre Kraftreserven aufzufüllen und vielleicht auch ein paar Entspannungsmethoden zu erlernen? Dann bekam ich zur Antwort: Ich hab doch keinen an der Klatsche! Ich hab doch keine Macke! Ich geh doch nicht in die Klapsmühle!

Und das, finde ich, hat sich ganz deutlich verändert. Das wurde nicht mehr zurückgewiesen, auch von Männern nicht. Die Schwelle ist niedriger geworden, inzwischen sind auch sechs Wochen Reha in der Psychosomatik machbar geworden. Das habe ich eigentlich nur in den ersten Jahren erlebt, dass die mir gesagt haben: Bleiben Sie mir vom Leibe!"

Für Beschäftigte in beruflichen oder persönlichen Krisen sah sich Engelhardt-Schagen als erste Anlaufstelle. In ihrer Schublade hatte sie deshalb immer auch eine Liste mit Spezialisten, an die sie die Menschen im Bedarfsfall weiterreichen konnte – vom Coach bis zum Psychotherapeuten.

Auch der Coach Helmut Wall spricht vom Vorteil des geschützten Raumes. Im Coaching könne sich der Klient fallen lassen. Anders als in vielen Gesprächen mit Freunden und Kollegen müsse sich bei ihm in der Praxis niemand wegen seiner Lage schämen oder eine Fassade aufrechterhalten. „Und dann komme ich sehr schnell ins Arbeiten mit den Klienten, weil die sehr schnell merken: Ich nehme sie so an, wie sie sind. Und dass sie hier auch die Freiheit haben, Schwächen zu zeigen und Dinge zuzugeben, die sie vor Kollegen oder vor dem Partner tabuisieren. Denn das ist die erste Hürde: Schwächen zu zeigen. Wer gibt schon gerne Schwächen zu?"

Wenn die Klientin oder der Klient diese Freiheit des geschützten Raumes spürt und annimmt, ist der Grundstein für die Arbeitsbeziehung gelegt. Jetzt geht es an die Themen: Was bringt jemand mit? Was will der oder die Betreffende hinter sich lassen? Wo will er oder sie hin? „Letztendlich ist Coaching Hilfe zur Selbsthilfe: Ich kann Ihnen keine perfekten Lösungen anbieten, also gehen wir gemeinsam auf die Suche, die Ihnen angemessenen Lösungen zu finden. Ich bin da Klärungshelfer, Lotse, Begleiter – und manchmal auch Lösungsanbieter."

Zwischen Wut und Trauer: Gefühle in der Achterbahn

Ein Karrierebruch ist wie ein kleiner Tod. Etwas ist zu Ende, gegen unseren Willen, und zwar unwiderruflich. Als Coach erlebt Helmut Wall bei seinen Klienten die gleichen

Gefühle und die gleichen Phasen, wie wir sie nach dem Tod eines uns nahestehenden Menschen durchmachen. Diese schwierige Zeit vergeht nicht von selbst, sondern wir müssen etwas dafür tun. „Trauerarbeit" nennen Fachleute dies. „Am Anfang steht oft eine Verleugnung: Das kann doch nicht wahr sein, ich bin so ein toller Mensch und werde hier einfach entlassen. Dann kommen Wut und Aggressivität. Danach kommt häufig eine depressive Phase. Die Menschen fallen in ein tiefes Loch. Sie denken, es bricht alles zusammen, sie sind zu nichts nütze. Auch das gehört zur Trauerarbeit. Und erst dann kommt die Phase des Annehmens: Es ist so. Die Realität ist so. Um dann zu schauen: Was kann ich daraus machen."

Coaching heißt auch: Hier ist jemand, der mir nichts krummnimmt. Der sich als Klagemauer anbietet und meine Wut aushält. „Die Betroffenen müssen sich erst mal entlasten, schimpfen und den ganzen Kladderadatsch auskotzen. Diese Entlastung ist ganz wichtig. Wut, Scham und Trauer sind dabei immer sehr eng verknüpft, und wir werden immer erst mal konfrontiert mit diesem ganzen Bündel von Gefühlen."

Der Weg zum Neubeginn verläuft im Zickzack. Und bei den meisten Menschen führt er durch ein tiefes Tal. Helmut Wall sagt es klar und deutlich: Auch diese Phase gehört dazu, ich tue mir nichts Gutes, wenn ich versuche sie zu überspringen. „Manche meinen, das gehe schon. In Beziehungen springen Männer dann sofort zur nächsten Frau. Es fehlt die Phase des Alleinseins und des Nachdenkens: Was war denn mein Anteil daran, dass das bisherige System gescheitert ist? Das gilt auch für Führungskräfte, die sofort eine neue Arbeit bekommen und sofort wieder in den Aktionismus gehen."

Wall ist überzeugt: Eine Krise kann auch heilsam sein. Wenn ich mir die Zeit gönne, innezuhalten und zurückzuschauen. „Eine Trauerphase ist wichtig, um Abschied zu nehmen. Aber auch, um neue Seiten in sich zu entdecken, die vorher verschüttet waren. Dazu braucht man Zeit, das ist Arbeit."

Trauerarbeit heißt für den Coach nicht nur: Abschied nehmen von einer verloren gegangenen Karriereposition, sondern auch: Trauern über das, was ich mir in dieser Position versagt hatte. „Etwa, wenn Führungskräfte ‚gelernt' oder fehl-gelernt haben, ihre ganze soziale Sensibilität zuzudecken oder nicht mehr zu entwickeln. Sie waren richtige Macher-Typen. Wenn sie dann aus irgendeinem Grund scheitern, haben sie durch die Trauerarbeit die Chance, den nächsten Job vielleicht reifer, vollständiger und freier anzugehen."

Der ehrliche Blick zurück birgt eine große Chance: mich abzukehren von einem Weg, auf dem es mir nicht wirklich gut gegangen ist. Helmut Wall sieht darin die große Chance, sich von unguten oder einseitigen Entwicklungen zu befreien – und damit den positiven Anteil an der eigenen Krise zu sehen.

„Ich versuche immer auch, diese andere Seite zu sehen: Was ist Gutes an einem Scheitern? Bei vielen ist die erste Antwort: Da ist nichts Gutes dran. – Dann sage ich: Dann wären Sie der erste Mensch, der mir begegnet, bei dem ein Ereignis nur schlechte Seiten hat. Auch wenn es nicht leicht fällt: Es geht auch darum, etwa beim Verlust des Arbeitsplatzes zu schauen, welche Chance darin liegt."

Mit dem leicht dahingesagten Slogan „Scheitern als Chance" hat dies in den Augen des Coachs nichts zu tun. Trauerarbeit ist Arbeit, und zu einem Neubeginn gehören Zeit, Ehrlichkeit und Mut. Für Helmut Wall ist dies kein blutleeres Lehrbuchwissen. Er hatte in der DDR Psychologie studiert und war ein erfolgreicher Forscher. Nach der Wende wurde er nicht weiterbeschäftigt. „Ich habe da also auch eine Erfahrung des Scheiterns. Am Anfang war ich wütend, dass ich nicht übernommen wurde. Aber ich bin dann relativ schnell darüber hinweggekommen, weil ich genügend Selbstsicherheit und Selbstbewusstsein hatte, mein weiteres Leben zu gestalten.

Ich habe mir dann gedacht: Wenn die mich als guten Forscher nicht haben wollen, dann ist das ihr Problem, nicht meines. Ich mache etwas daraus. Und heute bin ich heilfroh, denn sonst wäre ich heute ein Bundesbeamter, der mit noch tiefer gebeugtem Kopf als zu DDR-Zeiten rumlaufen würde und Anfragen an den Bundestag über arbeitsmedizinische Fragestellungen zu beantworten hätte – natürlich politisch korrekt. Ich bin so froh, dass ich ein freier Mensch bin als Coach und als Therapeut. In diesem Sinne bin ich ein Gewinner. Ein Glück, dass die mich damals nicht genommen haben."

Irrwege und Gefahren: Gerichtsprozesse und falsche Freunde

Mancher geht in einer beruflichen Krise in die Opferrolle: Die anderen sind die Bösen. Man hat mir übel mitgespielt. Die Firma ist schuld, ich kann nichts dafür. Als Coach kennt Helmut Wall diese Sätze. Er kann diese Haltung verstehen, aber er sieht auch die Risiken. „Am Anfang ist es in Wut gekleidet: Wie können die das nur machen? Aber dieses ‚Die anderen sind schuld' verstellt Ihnen den Weg, über ihren eigenen Anteil an einem Karrierebruch zu reflektieren. Und an diesem Weg, denke ich, kommt keiner vorbei."

Manche igeln sich ein und verharren in dieser Gut/Böse-Weltsicht. Doch das blockiert den Weg zur notwendigen Trauer, zum Abschied und damit auch zu einem Neubeginn. An so einer Haltung kann auch das Coaching scheitern. Oder ein Klient blockiert sich selbst, indem er sein Heil auf dem Rechtsweg sucht und gegen den Arbeitgeber klagt. Auf der finanziellen Ebene kann dieser Schritt wichtig sein, weil die Entschädigung ein Grundstock ist für die berufliche Zukunft. Gefährlich wird es nach Walls Erfahrung indes, wenn sich jemand Gerechtigkeit erhofft durch einen Prozess. „Sie wollen ihr Recht bekommen, wo sie möglicherweise auch zu größeren Teilen Recht haben. Ich sage dann: Und was passiert, wenn Sie Recht gekriegt haben? Dann stehen Sie trotzdem vor einem Scherbenhaufen. Weil Sie garantiert nicht mehr in diese Firma einsteigen können als Führungskraft."

Auch wenn die schöne Welt der Rechtsschutzversicherungen etwas anderes verspricht, Wall sieht in Schuldzuweisungen und Klagen vor Gericht eher die Gefahr der Rechthaberei als einen Weg aus der eigenen Krise. „Das wird garantiert nicht weiterhelfen, weil es eher in die Irre führt, bis hin zu Dauer-Klagen durch die Instanzen. Egal, was es kostet – Hauptsache, ich kriege Recht.

Heute gibt es eine Tendenz zum Recht-haben-Wollen. Damit haben Sie es viel schwerer, aus einer Krise herauszukommen, weil Sie immer sehen: Sie haben ja Recht. Das ist eine Selbstblockade. Und es ist meine Aufgabe, den Klienten mit solchen Selbstblockaden zu konfrontieren. Und ihm zu sagen: Angenommen, Sie kriegen Recht: Was dann? – Das sind eher Pyrrhussiege. Diese Menschen werden abgehalten von ihrem wirklichen Problem: Es ist so. Der Mist ist da. Die Katastrophe, die Krise ist da. Was mache ich daraus?"

Recht bekommen wollen ist nicht der einzige Irrweg in einer beruflichen Krise. Gefahren sieht Wall auch in der Flucht in den Alkohol oder im Rückzug aus dem sozialen Leben. Dieser Rückzug ist umso wahrscheinlicher, je mehr ich mich unter Druck sehe, eine Fassade aufrecht zu halten, weil das die Norm ist in meinem bisherigen Freundeskreis. „Falsche Freunde befördern den Absturz. Freunde, die nur die Fassade lieben an einem Menschen. So lange er Geld hat, so lange er der Spaßmacher ist, der die Gruppe zum Lachen bringt, ist er herzlich willkommen. Aber wenn er dann in einer bestimmten Situation gescheitert ist, lassen sie ihn sofort fallen."

Echte Freunde oder eine intakte Beziehung mit einer offenen und freien Atmosphäre sind in der Krise Gold wert. „Wir wissen aus Studien: Soziale Unterstützung ist einer der wichtigsten Faktoren, um gesund zu werden und gesund zu bleiben. Deshalb macht es Sinn, echte Freunde zu haben. Die in guten wie in bösen Zeiten meine Freunde bleiben. Die mich auffangen und Verständnis für mich haben. Die mich auch dann akzeptieren, wenn ich nicht mehr der erfolgreiche Aufsteiger bin. Die auch meine Schwächen akzeptieren. Entscheidend ist dabei, welche Kultur in einer Familie oder in einem Freundeskreis herrscht. Wichtig sind Ehrlichkeit und Verständnis, kein „haste was, dann biste was"-Standesdünkel."

Schlechte Karten habe ich aus Walls Sicht dann, wenn meine Familie und mein Freundeskreis sich vor allem an Status und Leistung orientieren. Ein Karrierebruch stempelt mich dann zum Versager. Meine Freunde grenzen mich aus und lassen mich fallen. Meine Familie macht mir möglicherweise zusätzlich Druck, die schmachvolle Situation schnell hinter mir zu lassen. Im Extremfall kann meine Beziehung sogar zerbrechen.

„Aber das kann trotzdem bereinigend sein, auch wenn es noch so schwer ist. Durch die Krise werden Menschen dann viel sorgfältiger hinterfragen: Also das waren meine Freunde? Hinterher weiß ich: Das waren gar keine echten Freunde, die wollten nur Spaß, mein Geld oder meine Beziehungen. So lange war ich scheinbar ein guter Freund. Und das kann menschlich bitter, aber letztlich doch heilsam sein. Auch von dieser Seite sehe ich jede Krise als die Chance des Heilsamen, weil jede Krise auch immer anzeigt: Es muss sich etwas verändern. Und manchmal ist es gut, dass sich etwas verändert.“

Abschied und Neubeginn: Die Wirklichkeit annehmen

Wenn Klagen nicht hilft – was hilft dann? Patentrezepte hat auch der Coach nicht. Aber er kennt die Wegmarken, an denen wir nach einem Karrierebruch vorbeikommen. Wut und Trauer müssen wir zulassen, der Realität müssen wir ins Auge blicken. „Manche leben noch sehr in der Vergangenheit: Wie wäre es, wenn ...? – Aber es ist wichtig, zukunftsorientiert zu arbeiten: Es ist so, wie es ist. Sie sind entlassen. Sie verdienen jetzt kein Geld, können vielleicht ihre Kredite nicht mehr bezahlen für ihr Haus. Ihr Partner ist sauer auf Sie, weil sich ihr Lebensstandard verändert und ihr Partner deshalb jetzt vielleicht eine Stelle suchen muss.“

Der Realität ins Auge blicken – für Helmut Wall heißt das auch, mich ehrlich zu fragen: Habe ich denn bisher so gelebt und gearbeitet, wie ich wollte? Oder ist da etwas zerbrochen, was nicht wirklich zu mir gepasst hat? War diese Stelle möglicherweise eine Nummer zu groß für mich?

Musste ich mich verbiegen, weil in dieser Position Dinge von mir gefordert wurden, die nicht meinem Wesen entsprechen? „Zu einer realistischen Bestandsaufnahme gehört es auch, Abschied zu nehmen vom Superman-Denken, vom Karrierestreben. Abschied zu nehmen von dem, was andere von mir erwarten. Auch von verinnerlichten Idealen und von den Erwartungen, die meine Eltern einst an mich stellten."

Dieser Abschied schafft Platz für eine berufliche Planung und Neuorientierung, die eher den eigenen Wünschen und Bedürfnissen entspricht. „Mein Satz im Coaching dazu ist: ‚Sie sind für sich der wichtigste Mensch auf der Welt. Sorgen Sie für sich.' Das meine ich auch im Sinne von: Achten Sie auf drohende Überforderungen, auf Verführung durch Aufstieg, Geld und Status. – Die eigenen Grenzen realistisch einzuschätzen: Das ist am Anfang nicht so angenehm, aber das macht es später leichter. Jeder Mensch hat seine Grenzen. Es geht also darum, rechtzeitig zu erkennen: Ein bestimmter Weg oder Karriereschritt hat keinen Sinn."

Abschiednehmen von beruflichen Lebensträumen, die sich bei ehrlichem Hinsehen als illusorisch erwiesen haben – das schafft Raum für eine Arbeit in einer Position, die besser zur eigenen Persönlichkeit passt. „Wenn die Berufsrolle zu mir passt wie eine Jacke, dann ist es stimmig. Aber wenn die Jacke zu groß ist und ich mich bemühe, die Arme länger zu machen oder die Ärmel umzukrempeln, dann kann ich vielleicht eine Weile damit leben. Ich kann vielleicht sogar hineinwachsen, aber immer nur in bestimmten Grenzen.

Es geht also darum, ehrlich hinzuschauen: Welche Dinge passen beruflich zu mir, und bei welchen habe ich nur immer gedacht, sie passten zu mir, oder: Da will ich hin. Aber wenn ich ehrlich bin, muss ich heute sagen: Das passt nicht zu mir. – Eine solche Zwischenbilanz zieht man am ehesten in einer Krise. Denn während ich im Job bin, werde ich mich immer bemühen, so gut wie möglich zu funktionieren – bis hin zum Risiko des Burnout."

Abschied nehmen von meinen Illusionen – das kann ich nicht mit leichter Hand erledigen. „Seine Illusionen begraben" – darin steckt beides: endgültiger Abschied und harte Arbeit. Es geht also auch hier um Trauerarbeit. Und wie nach dem Tod eines Angehörigen, helfen uns dabei Rituale. Die Arbeitsmedizinerin Marianne Engelhardt-Schagen hat dies in einem konkreten Fall erlebt. Hier wurden keine Illusionen zu Grabe getragen, sondern ein ganzer Werksbereich. „Es ging um einen Bereich mit 200 Mitarbeitern, der zugemacht wurde. Die Mitarbeiter erfuhren ein Jahr vorher, dass ihre Anlage geschlossen wird. Daraufhin haben sie die Anlage im Jahreslauf nochmals auf Fotos festgehalten. Und dann haben sie ein Abschiedsfest organisiert, zu dem alle Menschen eingeladen waren, die jemals in dieser Anlage gearbeitet haben und noch da waren. Das waren an die 700 über die Jahrzehnte. Viele sind auch gekommen. Und um Punkt zwölf Uhr drückte dann jemand auf den Knopf, und die Turbine stand still. Und ich habe gesehen, wie sich gestandene Männer die Tränen aus den Augen gewischt haben. Es war sehr bewegend, aber es hat die nochmals als Mannschaft unheimlich zusammengeschweißt, und sie konnten dann auch gut gehen."

Diese Erfahrung griff Marianne Engelhardt-Schagen auf und bot im werksärztlichen Dienst Seminare an für Abteilungen, die geschlossen wurden. „Zwei Tage meistens und dann einige Zeit später noch einen dritten, weil oft dann auch so etwas wie Frust und Resignation entsteht. Dann konnten sich die Leute nochmals bewusst machen: Wie bin ich hier, was nehme ich mit, wie habe ich hier angefangen? Jetzt kommt eine Zäsur, was bleibt trotzdem und was nehme ich mit, und was kommt jetzt? Also ganz bewusst diesen Akt des Abschieds zu markieren. – Das haben wir mit externen Psychologen gemacht, und dieses Angebot wurde gut angenommen. Manchmal kam dann später auch jemand und sagte: ‚Wissen Sie noch, ich war da vor zwei Jahren in dem Seminar, und das hat mir sehr geholfen. Und ich glaube, wenn ich das nicht gehabt hätte, hätte ich nicht so gut gehen können und damit auch frei sein können für das neue, was ich jetzt übernommen habe.'"

Wichtig sind Abschiedsrituale aus Sicht von Marianne Engelhardt-Schagen gerade in Traditionsbetrieben. Dort gibt es im Verlauf eines Berufslebens immense Veränderungen. Und keiner der heute 50- bis 60-Jährigen hatte bei der Einstellung daran gedacht, dass es einmal Einschnitte geben könnte oder gar Entlassungen. „Klar sagt sich jeder auf der kognitiven Ebene: Die Zeiten sind anders geworden. Aber im Einzelfall ist es dann für viele trotzdem emotional verdammt hart."

V Trennungsberatung

„Letztendlich war es ein Glücksfall" – die Geschichte von
Thomas Burscheidt

Wie ein Verlierer sieht Thomas Burscheidt ganz und gar
nicht aus. Ein stattlicher Mann mit guter Haltung. Sein An-
zug sitzt, sein Blick ist klar, sein Händedruck sympathisch
und fest. Was man nicht sieht: Sein früherer Arbeitgeber
hat ihm übel mitgespielt. Nach Jahren erfolgreicher Arbeit
wurde Thomas Burscheidt entmachtet und schließlich aus
der Firma gedrängt. Jetzt baut er sich eine neue Existenz
auf als selbstständiger Unternehmensberater. Und er sagt
klipp und klar: Für mich ist das kein Abstieg.

Zwischen Karrierebruch und Neubeginn lagen sechs
Monate Coaching. Bezahlt von seiner alten Firma, als Teil
des Aufhebungsvertrags. Outplacement-Beratung heißt diese
in Deutschland noch relativ junge Form des Coaching. Auf
der äußeren Ebene soll es den Gekündigten wieder in Arbeit
und Brot bringen. In Wirklichkeit aber geht es um viel mehr.

„Die Outplacement-Beraterin hat mir geholfen, meine
Gefühle zu strukturieren und eben nicht in einer diffusen
Welt von Selbstmitleid und Orientierungslosigkeit zu ver-
sinken. Sie hat mir meine Gefühle zugestanden und hat
mir skizziert, was wir gemeinsam tun können. Das heißt,
mein weiteres Vorgehen bekam Struktur. Und ich habe die
Gelegenheit genutzt, in mehreren Gesprächen mit ihr das
Gewesene zu reflektieren."

Aufzuarbeiten gibt es eine ganze Menge. Thomas Burscheidt hat nach einem international angelegten Studium

eine klassische Karriere gemacht: Unternehmensberatung, Vertriebsleiter bei einem Mittelständler, kaufmännischer Leiter einer Privatklinik. Mit 39 wird er Manager in einem internationalen Großunternehmen der Systemgastronomie.

Ein paar Jahre läuft alles glatt, und er steigt weiter auf. Er arbeitet 60 bis 80 Stunden in der Woche und ist die Hälfte des Jahres auf Reisen. Seine Familie akzeptiert dies.

Dann wird sein Chef gekippt, neue Leute haben das Sagen, und er selbst wird an den Rand gedrängt. Er bezieht Position gegen Entwicklungen, die er nicht in Ordnung findet, aber er hat keine Hausmacht. Im Sommer 2007 fährt er in den Urlaub. Als er zurückkommt, bietet man ihm einen Aufhebungsvertrag an. Vier Tage später checkt er abends zu Hause noch seine Mails – und liest: „Morgen ist Ihr letzter Arbeitstag. Geben Sie Ihren Laptop ab, Ihren Blackberry und Ihre Zutrittskarte."

Dann informiert die Firma alle Geschäftspartner, dass er ab sofort nichts mehr zu sagen habe. Damit ist das Tischtuch endgültig zerschnitten. Nach einigem Tauziehen ist der Aufhebungsvertrag fertig – samt Abfindung und Outplacement-Beratung. Mit 47 steht Thomas Burscheidt auf der Straße.

„Es war wie ein Fallbeil. Es hat mich als Mensch getroffen und beruflich. Ich stand vor dem Nichts. Da war plötzlich eine unendliche Leere. Ich habe auch einige Zeit gebraucht, um mich daran zu gewöhnen: Dein Leben läuft jetzt anders." Seine Gefühle pendeln in der ersten Zeit zwischen Ärger, Wut und Trauer. Der abrupte Abschied von der Firma kommt ihm wie ein Sterben vor, die Verhandlungen über den Aufhebungsvertrag wie die Phase zwischen Tod und Beerdigung: Man ist betäubt durch das, was zu tun ist. Ende Juni steht der Vertrag so, dass er damit zufrieden ist. Als Thomas Burscheidt das erreicht hat, fällt er erst einmal in ein Loch.

Und doch kann er keine Ruhe finden. Sein Hauptgedanke: Du brauchst eine neue Stelle. Er nimmt Kontakt zu einem früheren Lieferanten auf, der Leute sucht. Das hält ihn aufrecht. Er stellt sich in der Firma vor – und merkt dann aber noch rechtzeitig: Diese Stelle wäre keine Lösung. „Das war für mich eine Krücke, eine Gehhilfe für die ersten Monate. Nach dem Motto: Ich bin nicht überflüssig, es geht weiter. – Aber dann habe ich mich gefragt: Will ich das überhaupt? Und habe gemerkt: Ich will etwas ganz anderes, jetzt geht es in eine ganz neue Richtung, ich werde viel offener für Alternativen. Also nicht noch mehr vom Gleichen, sondern: Gibt es vielleicht auch noch etwas anderes?"

Die Outplacement-Beraterin nimmt den Faden auf. Gemeinsam loten sie aus, welche Möglichkeiten es für Thomas Burscheidt gibt. Er erkennt, wie sehr er sich in seiner bisherigen Arbeit reduziert hatte auf die Ziele der Firma, und dass sein beruflicher Blickwinkel dabei immer schmaler wurde.

Jetzt spürt er, wie seine Neugierde zurückkommt. Er macht wieder mehr für sich selbst. Schon immer wollte er den Jagdschein machen. Jetzt fährt er drei Wochen nach Mecklenburg-Vorpommern, er lernt für die Prüfung, und er besteht sie. „Das hat mein Selbstwertgefühl gestärkt. Und es hat meinen Blick geöffnet. Das hat mir sehr gut getan, dieses wieder aufkeimende Interesse an den Dingen, die rechts und links vom Wegrand stehen. Ich habe angefangen, wieder Dinge zu machen, die ich früher gern hatte: Bücher über das Thema Einrichtung zu lesen oder über das Anlegen von Gärten. Durch diese Beschäftigung mit kreativen Dingen fand ich zur Aktivität zurück und spürte wieder Dynamik. Das war der Wendepunkt, und ich habe mir gesagt: Es geht wieder aufwärts. Jetzt ist die Talsohle durchschritten. Jetzt muss ich sehen, wie ich mein Leben strukturiere."

Über diesen Selbstfindungsprozess sagt er später: Es hat ein paar Kurven gegeben, es ging auch ein paar Mal zurück. Aber ich möchte das nicht missen. Heute weiß ich eher, was ich will. Seine neuen Koordinaten beschreibt er so: Ich will mir in der Arbeit einen offenen Horizont bewahren, ich will nie mehr zurück in diese schmale Perspektive. Ich will etwas tun, was Sinn hat und Relevanz. Ich will Freude an meiner Arbeit haben. Und ich will eine gute Zeit mit meiner Familie verbringen. Ich weiß jetzt: Wirklich einbringen kann ich mich zu Hause nur, wenn ich selbst in der Balance bin.

Seine Outplacement-Beraterin begleitet ihn auf diesem Weg. In den Gesprächen mit ihr zieht er Bilanz und steckt seinen neuen Kurs ab. „Wenn das gut gemacht wird wie bei mir, dann ist das ein mehrdimensionaler Prozess. Er ist nicht nur darauf reduziert, jemandem dabei zu helfen, seinen Lebenslauf zu strukturieren und sich auf Bewerbungsgespräche vorzubereiten. Diese fachlich-technische Ebene ist wichtig. Viel entscheidender war für mich aber die psychologisch-mentale Unterstützung. Dieses Wieder-Aufrichten."

Wichtig ist dies aus Thomas Burscheidts Sicht auch als Gegenpol zu dem Gefühl: Ich habe versagt. „Sie können sich gar nicht davon frei machen, zumindest gefühlsmäßig so zu reagieren. Sie können rational sagen: Ich habe nicht versagt, aber Sie sind geprägt durch Ihre Umwelt, und dadurch kommt das zunächst hoch. Das Selbstwertgefühl leidet schon etwas. Das dann neu aufzubauen ist eine ganz wichtige Dimension."

Und noch etwas war für Thomas Burscheidt wichtiger als schnell eine neue Stelle zu finden. Gemeinsam mit der Outplacement-Beraterin konnte er klären: Was kann ich? Was ist für mich wichtig? Was sind die Alternativen zu dem, was ich bisher gemacht habe? Was taugt diese oder jene Idee? „Das hilft Ihnen in Bereichen, in denen Sie keine Erfahrung haben und nicht wissen: Wie haben sich Leute entwickelt, die das gemacht haben? Die Beraterin hat hier mehr Erfahrung. Und das heißt: Sie bekommen eine reale Einschätzung."

Am Ende gründete Thomas Burscheidt ein eigenes kleines Beratungsunternehmen. Noch ist er in der Aufbauphase, aber über seinen früheren Karriereknick denkt er trotzdem anders als zu Beginn. „Letztendlich war es für mich ein Glücksfall – obwohl es zu Anfang auch eine Katastrophe war. Aber ich denke, es ist mir gelungen, von der negativen Beurteilung zu einer positiven Einschätzung zu kommen. Auch wenn manches noch schwierig ist: Bisher habe ich noch nichts bereut."

Kündigung als Chance: Den Horizont erweitern

Wenn Cornelia Strobel aktiv wird, herrscht in der Regel Alarmstufe Rot: Ihre Klienten sind gekündigt und vielleicht sogar schon freigestellt. Dienstwagen und Handy abgegeben, Büro geräumt. Sie stehen vor den Trümmern ihrer bisherigen Karriere – betäubt, wütend oder desorientiert. Sie müssen ihre Gefühle sortieren, und sie brauchen wieder Arbeit.

Cornelia Strobel ist Outplacement-Beraterin. Frei übersetzt könnte man sagen: Trennungsberaterin. Manche ihrer

Klienten kommen aus eigenem Antrieb, weil sie sich beruflich neu orientieren wollen. Aber schwerpunktmäßig ist sie ein Spezial-Coach für Manager, die entlassen werden. Auch ihr Büro ist ein geschützter Raum. Wie bei Helmut Wall hat hier alles Platz, was ein Klient mitbringt. „Am Anfang ist es eine Auffangsituation. Die Menschen brauchen jemanden, der ihnen zuhört. Der hört, was ihnen passiert ist und was ihnen – zumindest aus ihrer Sicht – angetan worden ist." Wenn Cornelia Strobel ihren Klienten zuhört, kann sie dieses Gefühl, dass man ungerecht behandelt wurde oft sehr gut nachvollziehen. Sie spürt, unter welchem Druck viele in ihrer Arbeit standen. Und sie weiß: Wer über seine Erlebnisse spricht und sich damit auch ernstgenommen fühlt, der kann die Vergangenheit dadurch auch ein Stück loslassen.

Damit sagt sie nicht, dass dieser Prozess immer glatt und problemlos verläuft. Auch Cornelia Strobel spricht von Phasen wie in der Trauerarbeit. Aus ihrer Arbeit weiß sie: Nach einem Karrierebruch sind die Betroffenen hin- und hergerissen zwischen extremen Gefühlen. „Erst mal gibt es Gerüchte oder man hat eine Ahnung, dass etwas bevorsteht. Wenn es dann eingetroffen ist, fallen viele in einen Schockzustand. Dann kommt das Thema Aggression und Wut: Warum gerade ich? Dann kommen Selbstzweifel und Selbstentwertung, man sieht sich bei Aldi an der Kasse sitzen. Und dann fängt man langsam an, sich wieder nach außen zu orientieren."

Aber nicht alle schaffen diese Neuorientierung ohne weiteres. Immer wieder erlebt Cornelia Strobel auch, dass Betroffene nicht loskommen von ihrer Vergangenheit. Dass sie an der inneren Klagemauer verharren und nur um das erlittene Unrecht kreisen. „Ich denke, das hängt davon ab, was da tatsächlich gewesen ist und wie die Person das empfunden hat. Also ob es nur ‚die anderen' waren, oder ob irgendwann ein gewisses Maß an Selbstreflexion hochkommt. Im Sinne von sich trauen hinzuschauen: Was ist eigentlich mein Anteil gewesen? Denn wie immer im Leben gehören mehrere Seiten dazu, und man bringt sich ja selbst mit. Und ich denke, es geht darum, die Menschen zu unterstützen, dass sie den Zugang finden zu sich selbst und zu einer angemessenen Selbstreflexion."

Selbstreflexion heißt für Cornelia Strobel auch: erkennen, dass ich es selbst in der Hand habe, mit meinen Gedanken und Gefühlen in der Vergangenheit zu verharren oder nicht. „Dass man also hinschaut und sagt: Was trage ich dazu bei, dass es mir weiterhin so schlecht geht? Will ich das? Will ich darin verharren? Und was könnte ich eigentlich tun, damit es mir jetzt wirklich richtig schlecht geht? – Von da kommt man dann sehr gut auf die Idee zu überlegen: Was müsste ich eigentlich tun, damit es mir besser geht?"

Die Vergangenheit ehrlich Revue passieren lassen – dazu gehört für die Outplacement-Beraterin noch eine zweite Frage: Sicher, ich bin in meiner alten Stelle ausgebremst worden. Aber habe ich dort vielleicht eine Arbeit gemacht, die ich eigentlich schon lange nicht mehr wirklich wollte? „Also innerlich den Wechsel zuzulassen, die Trennung auch als Chance zu begreifen. Im Sinne von: Jetzt habe ich die Möglichkeit, mein Leben wieder selbst in die Hand zu nehmen! Es ist ja häufig so: Kurz bevor es zur Trennung kommt, ist man wie ein Hamster im Rad. Man hat das Steuer nicht mehr in der Hand, und die anderen bestimmen auch noch das Tempo. – Mit einem gewissen Abstand empfinden viele das dann anders und sagen: Das brauche ich nicht mehr. Und dann geht es um die Frage: Was will ich denn? Was ist mir wichtig?"

Jetzt ist der Horizont ein Stück offen, jetzt geht es nicht mehr nur um die Frage „Wer stellt mich möglichst schnell wieder ein?", sondern um die grundlegenden Themen hinter dieser Frage. „Was will ich die nächsten fünf oder zehn Jahre arbeiten? Was macht mir Freude? Wie definiere ich für mich in Zukunft Erfolg? Was heißt das? Könnte es am Ende möglicherweise noch etwas anderes geben in meinem Leben?"

Vor diesem Hintergrund beginnt die Outplacement-Beraterin, gemeinsam mit dem Klienten konkrete berufliche Perspektiven auszuloten. Am Anfang steht eine Bestandsaufnahme: Was kann ich? Was will ich? Was darf ich? „Können im Sinne von Potenzial, Ausbildung, Erfahrung: Was bringe ich mit? Wollen im Sinne von: Was davon will ich? Es ist ja nicht so, dass ich alles, was ich kann, auch tun will. Was zum Beispiel möchte ich nicht mehr tun? – Und drittens die Frage: Wo ist der Markt für das, was ich will? Wer lässt mich das tun? Zu welchem Unternehmen passe ich? Oder mache ich mich möglicherweise selbstständig? Das wäre dann das Dürfen."

Die Schnittmenge aus Können, Wollen und Dürfen markiert aus Sicht der Outplacement-Beraterin das Ziel: Da möchte ich hin. „Und dann kann ich anfangen zu überlegen: Wie komme ich da hin, dass ich das auch tun kann? Das sind dann die Wege in den Arbeitsmarkt oder in die Selbstständigkeit."

Erst jetzt beginnt die konkrete Suche nach einem neuen Arbeitsplatz. Bei Angestellten geht es um Fragen der Bewerbung, um die richtige Aufbereitung des beruflichen Lebenslaufs, um den Auftritt bei einem Bewerbungsgespräch. Beim Sprung in die Selbstständigkeit geht es um Produktideen, um Marktlücken, um Fragen der Firmengründung – und natürlich um Netzwerke.

Manchmal bremst Cornelia Strobel ihre Klienten. Sie weiß: Eine vorschnelle Bewerbung ohne gründliche Bilanz wäre gefährlich. Nur wer weiß, was er *nicht* mehr will, vermeidet künftig Fehler. Sonst scheitert er möglicherweise auch in der neuen Stelle, weil er diese Arbeit innerlich ablehnt.

Bremsen wird die Outplacement-Beraterin auch dann, wenn ein Klient sich bewerben will, ehe er sein Selbstwertgefühl wiedergefunden hat. „Ich werde niemanden aufhalten. Aber ich werde ihm schon eine klare Rückmeldung geben, wenn ich das Gefühl habe, der Betreffende ist – in Anführungszeichen – nicht präsentabel, oder er ist nicht auf Augenhöhe mit seinem Gegenüber. Diesen Frust kann man sich sparen."

Ein Schritt auf dem Weg zu einem neuen Selbstwertgefühl ist das „Wording": Wie benenne ich Außenstehenden gegenüber das, was mir widerfahren ist? Zum Beispiel, wenn bei einer Restrukturierung meine Position weggefallen ist: „Zwei Abteilungen sind zusammengelegt worden, es konnte nur einen neuen Leiter geben, und der war nicht ich. Insgesamt habe ich aber sehr viel gelernt in diesem Unternehmen, und ich kann viel mitnehmen, aber jetzt war auch ein guter Zeitpunkt zu sagen: Ich orientiere mich neu."

Auch wer bei einer Firmenübernahme entlassen wurde, kann dies so benennen, dass er sich selbst nicht entwertet: „Vorgesetzter wurde jemand aus dem Unternehmen, das uns übernommen hat. Sie haben ihre eigenen Führungskräfte mitgebracht, das ist auch nachvollziehbar. Die übernehmende Firma hat das Sagen, und sie will ihre Themen umsetzen."

Ein schnörkelloses „Wording" ist aus Sicht der Outplacement-Beraterin selbst dann möglich, wenn Konflikte mit einem neuen Chef zur Trennung führten. „Ich denke schon, dass man heute sagen kann: Da kam ein neuer Vorgesetzter, und wir haben einfach nicht zusammengepasst. Und da haben wir uns entschlossen, das Ganze zu beenden." Cornelia Strobels Prinzip: Die Dinge so beim Namen nennen, dass es für den Betreffenden kein Makel ist. Und damit auch signalisieren: Das war so, und ich habe es hinter mir gelassen. Ich bringe da nichts mehr mit, ich habe da keinen Zorn mehr.

Besonders wichtig ist eine klare Sprachregelung, wenn ich mich neu bewerbe. Hier hängt viel davon ab, wie ich über meine berufliche Vergangenheit spreche. „Wenn der Personalchef Sie fragt, warum Sie in der alten Firma aufgehört haben und Sie dann auf dieses Unternehmen schimpfen, dann haben Sie ein Problem. Man kann die Dinge beim Namen nennen, so lange man es professionell tut. Bevor jemand nach draußen geht, muss er das auch verinnerlicht haben. Es nützt ja nichts, wenn ich meinem neuen Arbeitgeber gegenübersitze und sage: In meiner alten Firma lief es ganz miserabel, da hat man mich ganz schlecht behandelt. Da merkt jeder neue Arbeitgeber: Das ist nicht abgeschlossen. – In so einem Fall läuten bei einem Personalchef die Alarmglocken, weil er annehmen muss: Falls wir uns einmal trennen sollten, dann redet dieser Mitarbeiter vielleicht auch über uns so."

Doch es kann dauern, bis jemand nach einer harten und vielleicht unfairen Trennung ohne Zorn zurückschauen kann. „Wir verabschieden uns von etwas, was wir selbst nicht gesteuert haben, der Schnitt wurde durch andere veranlasst. Diese Phase muss man durchlaufen, bevor man für neue Aufgaben bereit ist, es hilft nichts." Aber manchmal öffnet sich in diesem Prozess der Blick für eine neue Definition von Erfolg und Misserfolg, Auf- oder Abstieg. Dann ist Abstieg nicht länger ein Sturz von der Karriereleiter, sondern das Absteigen von einem Wagen, dessen Fahrtrichtung und Tempo nicht mehr zu mir gepasst haben.

Ein gutes halbes Jahr dauert eine Outplacement-Beratung im Schnitt. Auf der äußeren Ebene gilt sie als erfolgreich, wenn der Klient eine neue Stelle hat oder nach dem Schritt in die Selbstständigkeit seine ersten Aufträge hat. Doch eine gelungene Outplacement-Beratung ist mehr als das. Als Klient weiß ich jetzt mehr über mich selbst, ich kenne meine Stärken und Schwächen besser, ich kann mich beruflich klarer positionieren. Und ich kann mich besser schützen gegen Arbeitsbedingungen, die mir nicht gut tun. Ich wurde entlassen, aber ich habe meine Handlungsfähigkeit zurückgewonnen. Und wie bei Thomas Burscheidts Schritt in die Selbstständigkeit steht am Ende vielleicht eine Lösung, an die ich zu Beginn überhaupt nicht gedacht hatte.

Mit Outplacement zum Erfolg: Versuch einer Bilanz

Glaubt man den Internet-Auftritten mancher Outplacement-Firmen, dann kann bei einer Trennungsberatung nichts schiefgehen. Eine „Platzierungsgarantie" verspricht eine Firma ihren Klienten. Andere bieten ein unbefristetes „Garantieprogramm" an: Bei entsprechender Bezahlung coachen sie so lange, bis man einen neuen Arbeitsvertrag hat. Eine Beraterfirma wirbt mit einer Erfolgsquote von 95 Prozent, die restlichen fünf Prozent seien unter anderem Abbrecher.

Andere klingen zurückhaltender. Die Managementberatung Mühlenhoff+Partner schreibt in ihrer Jahresstatistik 2006: „Von den über sechs Monaten beratenen Klienten erreichen 68 Prozent eine Position."[12] Jeder Zehnte musste allerdings Kompromisse schließen. Und jeder Vierte hatte auch nach der Outplacement-Beratung keine neue Arbeit. Cornelia Strobel nennt eine Erfolgsquote von knapp 90 Prozent, allerdings nicht innerhalb von sechs Monaten. Und sie sagt klipp und klar: Wir geben unseren Klienten keine Platzierungsgarantie, denn wir stecken nicht in den Leuten drin.

Doch Arbeitsplatz ist nicht gleich Arbeitsplatz. Die Gretchenfrage lautet: Auf welchem Level lande ich nach dem Outplacement? Kann ich mich mindestens auf gleicher Höhe neu etablieren oder geht es nach unten? Cornelia Strobel sagt, das hänge auch von der Konjunktur ab und vom Gehaltsgefüge, aus dem jemand kommt. „Früher war Outplacement schwerpunktmäßig etwas für Leute ab 50, heute kommen auch schon Jüngere mit Mitte bis Ende 30. Oft ist da auch ein Karrieresprung drin. Ältere Klienten wagen öfter den Sprung in die Beratung oder in die Selbstständigkeit. Die Verpflichtungen gegenüber der Familie sind geringer, der Freiheitsgrad ist höher. Viele stellen sich dann die Frage: Will ich mich wieder in ein Unternehmen eingliedern oder will ich die Situation nutzen, künftig in einem selbst gestalteten Rahmen zu arbeiten?"

Gretchenfrage Nummer zwei: In welcher Liga spiele ich nach Trennung und Outplacement? Wenn ich zum Beispiel aus einem Großunternehmen komme: Finde ich wieder eine Arbeit in einer vergleichbaren Firma? Mühlenhoff+Partner gibt für seine Klienten bereitwillig Auskunft. Zwei Drittel kamen aus Großunternehmen, aber weniger als ein Drittel kehrt in diese Liga zurück. Fast jeder Zweite landet bei einem Mittelständler, und jeder Fünfte macht sich selbstständig.

Eine pauschale Bewertung erlauben diese Zahlen nicht. Es können sich Abstiege dahinter verbergen oder die bewusste Entscheidung, eine bestimmte Arbeit nicht mehr machen zu wollen. Und mit Sicherheit spielt auch das Alter eine Rolle. „Ein 50-Jähriger wird Schwierigkeiten haben, in der IT-Branche einen Job zu finden. Aber jemand, der bei IBM als zu alt gilt, könnte ein wahrer Segen für einen Mittelständler in der Lüneburger Heide sein", sagt der Geschäftsführer des Beratungsunternehmens Von Rundstedt HR Partners, Eberhard von Rundstedt.[13] Auch für den Mitarbeiter selbst kann ein solcher Wechsel ein Segen sein. Viele Mittelständler gelten inzwischen als „Hidden Champions": unbekannt, aber gut aufgestellt. Sie haben exzellente Produkte, und ihre Führung ist frei von der Kurzsichtigkeit des Shareholder Value. Wer erlebt hat, was in den vergangenen Jahren auf der Managementebene bei Daimler-Chrysler passiert ist oder was seit 2007 bei Siemens los ist, der kann froh sein, wenn er bei einem solide aufgestellten Mittelständler arbeitet.

Unbestritten ist aber: Wer sich seit fünfzehn oder zwanzig Jahren nicht mehr bewerben musste, tut sich schwer, wenn er sich nach einer Trennung neu orientieren muss: Wie sieht heute eine professionelle Bewerbung aus? Wie präsentiere ich mich? Wo habe ich Lücken? Wer dies auf eigene Faust versucht, hat schlechtere Karten als mit professioneller Begleitung.

Genauso wichtig ist allerdings, dass die Beraterin oder der Berater eindeutig auf Seiten des Klienten steht und in keinen Zielkonflikt gerät. Für Cornelia Strobel heißt dies: Wir begleiten unsere Klienten und verschaffen ihnen das nötige Rüstzeug für den Sprung in die künftige Arbeit, aber wir selbst machen keine Personalvermittlung. „Manchmal passen ein Klient und ein suchendes Unternehmen scheinbar zusammen, in Wahrheit aber haben sie unterschiedliche Interessen. Ich möchte nicht eine vordergründig erfolgreiche Personalplatzierung unterstützen, die auf den zweiten Blick keiner der beiden Seiten dient. Denn es geht darum, für jeden Klienten den bestmöglichen Weg zu finden. Ich denke, das hat etwas mit Ethik zu tun."

Ein Erfolg oder Misserfolg beim Outplacement hat viele Gründe. Angefangen von der Professionalität der Beratung über die konjunkturelle Lage bis zur körperlichen und seelischen Verfassung des Klienten selbst. Cornelia Strobel kennt die Situationen, in denen eine Trennungsberatung an ihre Grenzen stößt. „Wenn es um Sucht geht, um Alkohol, Tabletten oder starke Depressionen, dann unterbrechen wir die Beratung." Aber auch unterhalb der Schwelle zur Krankheit gibt es Grenzen der Outplacement-Beratung: Wenn ein Klient sehr festgelegt ist in seinen Vorstellungen und sich weigert, über Alternativen zu seiner bisherigen Arbeit nachzudenken. „Wenn sich jemand partout nicht bewegen will, dann habe ich irgendwann mein Pulver verschossen."

In den USA ist Outplacement-Beratung seit langem fest etabliert. Bei acht von zehn Trennungsprozessen auf Manager-Ebene setzen US-Firmen auf diese spezielle Form des Coachings. In den 1990er-Jahren hielt sie nach und nach auch in Deutschland Einzug, zunächst bei Kündigungen von Top-Managern. In einer zweiten Phase wurde Outplacement-Beratung auch ein Thema im mittleren Management, und in jüngster Zeit sogar bei Mitarbeitern im unteren Gehaltsbereich – hier allerdings in der preiswerteren Form der Gruppenberatung.

Ganz billig ist Outplacement-Beratung nämlich nicht. Bei einem Beratungsunternehmen zum Beispiel kostet ein sechsmonatiges Einzel-Coaching vierzehn Prozent vom Brutto-Jahresverdienst des Klienten. Andere Firmen bieten etwa eine Beratung an, bis ein neues Arbeitsverhältnis steht, oder sie geben dem Klienten eine Wiederaufnahme-Garantie, falls das neue Arbeitsverhältnis die Probezeit nicht übersteht. Dies kann dann bis zu zwanzig Prozent eines Jahresverdienstes kosten.

Doch die Branche floriert, und das ist kein Zufall. Das Trennungs-Coaching hat Vorteile für die entlassenden Firmen. Cornelia Strobel: „Es gibt nach wie vor Unternehmen, die ein soziales Gewissen haben. Manche würden es als Freikaufen bezeichnen, aber das würde ich so nicht sagen. Oft geht es um Mitarbeiter, die lange Jahre im Unternehmen sind, und die möchte man dann auf einem guten Weg wissen."

Nicht zu unterschätzen ist auch die Wirkung im Unternehmen selbst. Die Kolleginnen und Kollegen eines Gekündigten registrieren sehr genau, wie ihre Firma sich verhält. Das kann erhebliche Auswirkungen haben auf die Stimmung und auf die Leistungsbereitschaft eines Teams. Wenn das Unternehmen also Hilfestellung gibt bei der Neuorientierung, ist das auch ein klares Signal für alle, die bleiben. „Das heißt, ich als Mitarbeiter weiß: Im Zweifelsfall würde ich auch Unterstützung bekommen. Das ist die Innenwirkung. Zu erleben, wie die eigene Firma mit einer Trennung umgeht. Entlässt sie die Menschen einfach? Oder sagt sie: Es gibt ja immer gute Gründe, warum etwas nicht mehr weitergeht, aber wenn wir uns von jemandem trennen, dann unterstützen wir ihn im Sinne eines professionellen Trennungsprozesses."

Auch finanziell kann sich Outplacement bezahlt machen. Wenn eine Firma bei der Trennung ein solches Angebot macht, steigt die Chance auf eine einvernehmliche Regelung ohne Prozess vor dem Arbeitsgericht. „In der Regel gibt es ein Outplacement dann, wenn ich einen Aufhebungsvertrag unterzeichne. Das heißt: Das Unternehmen erspart sich damit eine Klage. Die Firmen kaufen sich damit auch ein Stück weit heraus aus einem Gerichtsprozess mit ungewissem Ausgang. Arbeitsrecht ist Richterrecht, da wissen Sie im Voraus nie, wie die Entscheidung lautet. Am Ende kann es teurer werden als ein Outplacement."

Dazu kommt die Außenwirkung. Ein professioneller und finanziell fairer Trennungsprozess geht eher geräuschlos über die Bühne. Prozesse oder ein Nachtreten in den Medien irritieren Kunden, Banken und Öffentlichkeit. Im schlimmsten Fall wird das Firmen-Image nachhaltig beschädigt.

Genau hier setzt auch die Kritik an. Ihr Tenor: Outplacement erleichtert es Unternehmen, Mitarbeiter hinauszuwerfen. Anders gesagt: Sie kaufen sich ein gutes Gewissen. „Erst feuern, dann kuscheln", überschrieb eine Wochenzeitung ihren Bericht zum Thema Trennungsberatung.[11] Auf den ersten Blick zumindest passt dazu auch der Boom der Outplacement-Branche – nach dem Motto: Je schlechter es der Wirtschaft geht und je brutaler die Sitten werden, desto mehr Arbeit haben die modernen Samariter, die die Gekündigten wieder aufrichten. Ist die Outplacement-Branche also eine Art Krisen-Profiteur? Cornelia Strobel: „Das habe ich früher auch gedacht. Aber wir erleben das Gegenteil. Wenn es der Wirtschaft schlechter geht, geht auch das Outplacement zurück, weil die Firmen nicht mehr bereit sind, einfach Geld in die Hand zu nehmen. Und wir erleben jetzt, da es der Wirtschaft besser geht, dass sich Unternehmen mehr darauf konzentrieren: Habe ich die richtigen Führungskräfte am richtigen Platz? Wir erleben, dass Firmen sehr genau nach vorne schauen und sich fragen: Können wir mit dieser Führungsmannschaft unsere Wachstumsziele erreichen und unsere strategische Planung umsetzen? Und in dieser Phase trennt man sich dann eher von Mitarbeitern, die dem nicht entsprechen."

Als Feigenblatt sieht Cornelia Strobel ihre Arbeit jedenfalls nicht. Sie glaubt nicht, dass Unternehmen sich bei Entlassungen davon beeinflussen lassen, ob jemand den oder die Gekündigte auffängt. „Wenn das so wäre, dann wäre es mir angst um die Wirtschaft."

Und Thomas Burscheidt? Aus seiner früheren Position weiß er, wie Konzerne funktionieren, bei seiner Trennung erlebte er die harte Seite des Personalmanagements, und die Wirkung von Outplacement kennt er aus eigener Erfahrung. Wie denkt er über die These, mit der Trennungsberatung kauften sich Firmen ein gutes Gewissen? „Unternehmen sind Systeme. Die haben kein schlechtes Gewissen. Es gibt kein kollektives schlechtes Gewissen. Das hat höchstens ein Einzelner, der eine Kündigung angestoßen hat. Ein Outplacement wird von den Personalabteilungen eingefädelt. Die sind in der Regel nicht persönlich in einen Trennungsprozess involviert, sondern unterstützen ihn als Fachabteilung. Unternehmen kaufen sich kein gutes Gewissen."

Dazu kommt: Kündigungen gab es auch schon zu Zeiten, als Outplacement in Deutschland noch unbekannt war – mit einem Unterschied. Thomas Burscheidt: „Ich glaube, dass in der Vergangenheit das Thema Kündigung mit der gleichen Rücksichtslosigkeit und Härte verfolgt wurde. Nur dass es früher in der Regel niemanden gab, der die Betroffenen hinterher aufgefangen hat."

VI Jenseits der Karriere

„Worüber sollte ich verbittert sein?" (Thomas von Mouillard)

Nach sechs Monaten im Krankenstand betritt Thomas von Mouillard das Großraumbüro in der dpa-Zentrale. Früher kam er als Chef, jetzt ist er Kollege. Wenn er früher kam, konnte er Anweisungen geben, jetzt wird er die Anweisungen anderer ausführen. Und seine Zeit im journalistischen Tagesgeschäft liegt zwölf Jahre zurück. „Ich war unheimlich unsicher die erste Zeit. Wenn Sie zwölf Jahre nicht mehr in der täglichen Arbeit stecken, dann ist das nicht ganz einfach, da wieder reinzukommen. Und man setzt sich natürlich auch selbst ein bisschen unter Druck, als ehemaliger Chef, der a priori immer alles besser weiß, da nun zu sitzen und auch Fehler zu machen. Und am Anfang habe ich da auch reichlich daran geknabbert. Das war nicht ganz einfach."

Der Flurfunk ist ihm natürlich vorausgeeilt: Was, der wird einfacher Redakteur? Im Großraum? Das geht doch nicht! – Dazu kommt: Einige seiner jetzigen Kollegen hatte er einst gegen ihren Willen hierher versetzt. Aber es geht gut. „Die haben mich da alle sehr angenehm aufgenommen, was ja nicht so ganz hundertprozentig zu erwarten gewesen wäre. Immerhin waren in dieser Redaktion einige, die mir aus meiner Zeit als Auslandschef durchaus einiges hätten nachtragen können. Aber es ging erstaunlich gut. Die waren sehr tolerant und haben mich angenehm aufgenommen."

Er selbst hält sich zurück und vermeidet alles, was den Anschein erwecken könnte, er hänge den ehemaligen

Chef raus. Was ihm dabei hilft, ist sein grundlegendes Selbstvertrauen: Trotz allem, was in den vergangenen sechs Monaten passiert ist – ich kenne diese Arbeit, ich kann diesen Job.

Schrittweise steigt er wieder ein. Im ersten Monat arbeitet er zwei Stunden am Tag, dann vier Stunden und vom dritten Monat an wieder voll. So regelt das „Hamburger Modell" aus dem Sozialgesetz den Wiedereinstieg nach längerer Krankheit. Im Rückblick findet Thomas von Mouillard dieses Prinzip sehr sinnvoll, doch zunächst geht es ihm fast zu langsam. „Im Sommer fühlte ich mich weitestgehend wieder fit, und von daher hätte ich gedacht, kann ich da gleich wieder richtig anfangen. Gott sei Dank hat der Personalchef dann gesagt: Machen Sie mal halblang und akzeptieren Sie das so, wie sich das aus Erfahrung offensichtlich als ganz gut herausgestellt hat. Und ich habe tatsächlich gemerkt, das war genau richtig."

Inzwischen hat sich Thomas von Mouillard in seiner neuen beruflichen Rolle eingelebt. Er sieht sich nicht als Versager, und er betrachtet seine neue Position auch nicht als Rückschritt. „Im Gegenteil, für mich ist das im Nachhinein eindeutig eine Bereicherung. Man wird sich über viele Dinge wieder bewusster und lernt auch eine gewisse Demut. Und ich bin sicher, mich hat das weitergebracht."

Auch der Firma gegenüber hegt er keinen Groll. Dass er weiterhin bei dpa arbeitet, ist für ihn ein Vorteil und keine Belastung. Die Firma ist für ihn nach wie vor die berufliche Heimat. „Ich bin unheimlich gerne bei dieser Firma. Ich glaube trotz allem, was man kritisieren und mäkeln kann, ist das ein wirklich angenehmer Laden, der mir seit 1976 all das ermöglicht hat, was ich immer gerne wollte. Und in den zwölf Jahren als Auslandschef hatte ich etwa zehn Jahre, die mir größtenteils Spaß gemacht haben, die herausfordernd waren und die spannend waren. Ich empfinde da durchaus auch so ein bisschen etwas wie Dankbarkeit. Die haben mir all das ermöglicht, was ich gemacht habe. Über was sollte ich verbittert sein?"

Er hadert nicht mit seinem Abstieg in der Firmenhierarchie. Und weiß zugleich: Er ist eher die Ausnahme als die Regel. „Das ist schon ein bisschen ungewöhnlich, auch aus der Erfahrung heraus, die mein Arzt mit ähnlichen Fällen hat. Er sagte aber auch, dass ich aufgrund meiner Disposition Glück gehabt habe, weil ich niemand bin, der sich nur über seine Karriere definiert."

Mouillard selbst sagt, er sei vom Naturell her optimistisch und fröhlich. Er denke positiv und versuche, das Beste aus einer Situation zu machen. Macht und Status seien ihm nie wichtig gewesen. Deshalb vermisse er dies jetzt auch nicht. „Meine persönlichen Umstände und meine Persönlichkeit haben es mir leichter gemacht, mit diesem – in Anführungszeichen – Karriereknick umzugehen. Und was die berufliche und private Entwicklung angeht, kann ich nur sagen: Ich bin heilfroh. Ich bin wieder ein zufriedener, glücklicher Mensch."

Und das Geld? Thomas von Mouillard verdient jetzt etwa halb so viel wie in seinen Zeiten als Auslandschef. Auch hier spricht er von Glück. Seine Frau und er hätten früher die Annehmlichkeiten geschätzt, aber sie kämen auch problemlos mit weniger Geld aus. Mit Schulden wäre dies anders gewesen. „Das würde so eine Situation massiv erschweren. Wenn ich mir vorstelle, in so einer Situation zu sein und dann den finanziellen Druck zu spüren, das muss richtig heftig sein. Zum Glück waren wir nicht in der Situation."

Aber selbst die Vorstellung eines finanziellen Kollapses als Folge seines Karrierebruchs erschreckt ihn nicht. „Nehmen wir einmal an, wir hätten da einen totalen finanziellen Abstieg erlebt, hätten das Haus verkaufen müssen und uns eine kleine Wohnung nehmen müssen – selbst das, da bin ich fest davon überzeugt, selbst das hätte funktioniert. Glücklicherweise waren wir nicht in so einer Situation, aber ich habe genug Vertrauen in die Beziehung, die wir zueinander haben, dass das auch funktioniert hätte."

Seine Partnerschaft war ein wichtiger Anker in dieser Zeit des Umbruchs. Mehr als einmal sagt Thomas von Mouillard, wie wichtig seine Frau in diesen sechs Monaten für ihn war – auch beim Loslassen. „Dadurch, dass sie ähnlich anspruchslos ist wie ich, was Hierarchien, Karriere und Geld angeht. Und es hat sich gezeigt, dass wir offenbar eine sehr stabile Beziehung haben. Das war schon eine unheimliche Hilfe."

Seit August 2006 arbeitet Thomas von Mouillard als einfacher Redakteur. Gegen das Risiko einer neuen Überforderung sieht er sich gewappnet. „Ich weiß jetzt, wie sich so etwas entwickelt und welche Symptome es gibt. Und ich glaube schon, dass ich heute sehr viel früher beim Arzt auf der Matte stehen würde. Man sollte sich in einem solchen Fall tunlichst professionelle Hilfe holen und nicht glauben: Jetzt beiße ich mal die Zähne zusammen, das geht schon wieder weg. Das geht nicht weg, das wird schlimmer."

Die Therapie hat ihm auch geholfen zu sehen, was ihn in der Vergangenheit anfällig machte. „Ich war für andere immer ein sehr einfaches Objekt, um Sachen abzuladen. Meine Schwäche lag aber auch darin, mir selbst Sachen aufzubürden und mir letztendlich viel mehr zuzumuten, als ich leisten konnte. Und das habe ich gelernt: Nein sagen zu können. Rechtzeitig Nein sagen zu können."

Ende 2006 ging dann sein Ressortleiter in den Ruhestand, und die Chefredaktion fragte Thomas von Mouillard, ob er die Position übernehmen wolle. Immerhin hatte er dieses Ressort schon 1993 geleitet. Dieses Mal lehnt er ab. „Ich bin heute noch stolz, dass ich gesagt habe: Nein, das will ich nicht mehr machen."

In seinem früheren Büro in der alten Villa ist er nochmals gewesen, aber es hat ihm keinen Stich versetzt. Nur in einem Punkt trauert er dem Eckzimmer ein klitzekleines bisschen nach: „Das war schön, ich konnte da rauchen."

„Ich weiß: Ich bin okay" (Beate Berroth)

An guten Tagen ist Beate Berroth versöhnt mit ihrer Rolle als Verkäuferin. In diesen sieben Jahren in der Modefiliale im Ulmer Fischerviertel war sie nicht einen Tag krank, und sie sprüht immer noch vor Ideen. „Meine Chefs mögen mein unternehmerisches Denken. Dass ich Verbesserungen plane, überlege, wie man es besser machen kann und was man verändern kann, ohne dass es viel Geld kostet. Ich versuche immer, mit einem Minimum das Optimale rauszuholen."

Die Umsätze geben Beate Berroth Recht. Auch dieser Laden läuft gut. Doch sie selbst hat nach wie vor wenig Geld. 960 Euro im Monat lässt ihr der Insolvenzverwalter, was sie darüber hinaus verdient, bekommen die Gläubiger. Die Wohnung mit Münsterblick und Veranda zum Fluss kann sie nur halten, weil seit der Insolvenz ihre Schwestern die Hälfte der Miete bezahlen. „Ich bin froh, dass ich mit den 960 Euro auskomme. Ich bete jeden Tag, dass der Kater nicht krank wird. Das kostet wahnsinnig Geld. Ich bin wirklich eine ganz arme Maus. Aber irgendwo weiß ich: Die Fülle, die ich innerlich habe, ist mir viel mehr wert als etwas Neues zum Anziehen. Mein schönstes Weihnachtsgeschenk letztes Jahr war, dass mir eine Freundin eine Dauerkarte für das neue Kunstmuseum geschenkt hat. Ich kann also ständig ins Museum gehen."

Es gibt viele gute Tage für Beate Berroth in diesen Jahren. Sie hat sich wieder einen Kundenstamm aufgebaut, für viele ist der Laden eine feste Anlaufstelle. Sie hat Freunde, ihre Wohnung, den Kater. An diesen Tagen sagt Beate Berroth: „Im Grunde meines Herzens bin ich heute zufriedener."

Aber es gibt auch andere Tage. Da ist zunächst die Sache mit dem Amtsgericht. Beate Berroth fällt noch unter das alte Insolvenzrecht und ist demnach sieben Jahre nach Abschluss des Verfahrens schuldenfrei. Insolvenz hat sie im März 2000 angemeldet. Deshalb denkt sie, 2007 sei alles vorbei. Doch sie täuscht sich. Wegen einer Erkrankung der Sachbearbeiterin zieht sich ihr Verfahren bis 2004, und erst jetzt beginnt die Sieben-Jahres-Frist. Beate Berroth fühlt sich wie ein Häftling, dessen Strafe plötzlich verlängert wird. „Ich war 2004 in dem Glauben, ich habe noch drei Jahre vor mir. Und lese dann dieses Datum 2011. Ich bin dann zum Amtsgericht gegangen und habe gesagt: Ich bitte Sie inständig, tun Sie mir das nicht an. Bis 2011, das halte ich psychisch nicht aus." Schließlich erkämpft sie ein neues Fristende: Dezember 2009.

Der nächste Tiefschlag kommt 2007. Ihre Wohnung wird verkauft, Anfang 2008 meldet der neue Besitzer Eigenbedarf an. Für Beate Berroth heißt das: Sie muss bald ausziehen aus dieser Wohnung, die in schlimmen Zeiten ihre

Höhle und Fluchtburg war, der einzig sichere Ort, als alles sich auflöste. Der nahende Verlust der Wohnung lässt die alten Wunden wieder aufbrechen. Das „Im Grunde meines Herzens bin ich heute zufriedener" geht zeitweilig verloren. „Ich bin eine emanzipierte Frau. Ich schäme mich heute noch, dass ich es als Frau nicht geschafft habe. Das ist für mich so eine Niederlage, obwohl ich denke: Ich war so eine erfolgreiche Lehrerin. Ich war so eine erfolgreiche Geschäftsfrau. Ich bin jetzt erfolgreich. Ich habe eigentlich keinen Grund, mich zu schämen. Und ich tue es trotzdem."

Und dann gibt es wieder gute Tage. Dann kann sie trennen zwischen der Geschäftsfrau und der Person Beate Berroth. Dann kann sie eine Grenze ziehen zwischen den Erinnerungen an die Insolvenz und ihren Gefühlen sich selbst gegenüber. In der Therapie hat sie gelernt, „dass ich den Konkurs nicht an meiner Unfähigkeit festmache, sondern an äußeren Umständen, die einfach kulminiert sind. Dass ich eine innere Kraft habe und weiß: Es kann mich nichts wirklich erschüttern. Äußerlich natürlich schon, aber ganz tief drinnen empfinde ich mich als sehr gefestigt. Auch gegen diese Stürme, die mich jetzt so angehen mit meiner Wohnung. Ich fühle mich bestärkt, dass ich gut bin. Ich weiß: Ich bin okay."

Auch ihre einstige Lähmung kann sie dann überwinden. Anders als früher beim Finanzamt und bei ihrem Ladenvermieter sagt sie sich jetzt: Ich nehme die Kündigung meiner Wohnung nicht einfach hin. Freunde erklären sich bereit, die Wohnung zu kaufen und dann wieder an sie zu vermieten – falls sich der neue Besitzer noch umstimmen lässt. Also schreibt ihm Beate Berroth einen Brief. Ob sie Erfolg haben wird, steht dabei nicht im Mittelpunkt. „Davon würde ich mich nicht abhängig machen. Das wäre zu kurz gedacht. Ich bin mir zu 99 Prozent sicher, dass es nicht klappen wird. Aber das wäre kein Misserfolg für mich. Ich habe es einfach getan und habe mich nicht lähmen lassen wie damals mit der Insolvenz. Deshalb hatte ich damals auch diese Lähmungserscheinungen im Arm. Ich habe mich von diesen vier Männern lähmen lassen und von diesem 29. April. Da habe ich nicht mehr gekämpft. Ich hätte hinstehen müssen und sagen: Insolvenz wird erst angemeldet, wenn das mit dem Finanzamt geklärt ist. Heute bin ich mir 100 Prozent sicher: Ich hätte die Insolvenz abwenden können, wenn ich damals die Kraft gehabt hätte. Und deshalb habe ich jetzt diesen Brief an meinen Vermieter geschrieben."

Gute Tage sind es auch, wenn Beate Berroth die Hochzeitsanzeige eines Paares bekommt, das sich in ihrem Laden kennen gelernt hat. Wenn eine Kundin erzählt, ihr Mann habe gesagt, sie müssten unbedingt mal wieder nach Ulm in den Laden mit dieser tollen Verkäuferin. Wenn Freunde ihr anbieten, in ein geplantes Mehrgenerationen-Wohnprojekt einzusteigen. Wenn ein langjähriger Lieferant anfragt, ob sie für ihn einen Fabrikverkauf in Berlin aufziehen wolle. Ein anderer hat ihr ein Angebot gemacht für ein Projekt in New York. Aber sie sagt, sie traue sich nicht. Noch nicht.

„Was ich jetzt mache, macht Sinn" (Matthias Adams)

Heute jongliert Matthias Adams nicht mehr mit Millionen, und er sitzt nicht mehr jeden dritten Tag im Flieger. Sein Schreibtisch steht tief in der Provinz, aber die meiste Zeit ist er im Freien. „Wir leben im Kreislauf des Jahres. Ich kann Ihnen aus den letzten drei oder vier Jahren von jedem Jahr sagen, wie das Wetter gewesen ist. Man bekommt hier sehr bewusst mit, was draußen in der Natur passiert."

Matthias Adams ist Unternehmer geworden. Zusammen mit seiner heutigen Frau Luise von Racknitz-Adams hat er deren elterliches Weingut aus der Insolvenz geführt. Das war harte Arbeit, und das wird es auf absehbare Zeit auch bleiben. Ein Aussteiger ist Adams mit Sicherheit nicht.

Angefangen hatte das Ganze mit jenem Beratungsauftrag, den ihm sein Freund aus Berlin 2003 andient. Dieser Freund weiß: Adams versteht etwas von Zahlen, und er hat ein Faible für Wein. So fährt Adams eines Tages in den kleinen Ort an der Nahe. Das Weingut erweist sich als Problemfall. Aus Weinbergen in Steillagen produziert es mit hohem Aufwand billige Fassweine. Der Betrieb ist überschuldet.

Doch für Matthias Adams kommt plötzlich alles zusammen. Da ist ein Projekt mit Substanz – und da ist eine studierte Winzerin, die später seine Frau wird. Vier Monate nach seinem ersten Besuch zieht Adams nach Odernheim. „Dann haben wir das Weingut komplett umgekrempelt. Wir haben innerhalb von ein paar Wochen alle Parameter verändert, die man verändern muss, um weg vom Fasswein hin zu einem Top-Premiumwein zu kommen."

In vier Jahren harter Arbeit gelingt es den beiden, dem Weingut ein völlig neues Renommee zu verschaffen. „Wir sind heute bei vielen Artikeln, die geschrieben werden, auf Augenhöhe mit den wirklichen Namen. Und das ist auch notwendig, denn sonst verkauft man keinen Wein. Die Weinwelt wartet nicht auf ein neues Weingut, da muss man wirklich viel dafür tun."

Goldene Berge sind vorerst nicht in Sicht. Adams' heutiges Einkommen ist ein Klacks im Vergleich zu früher. Als

Manager konnte er im Monat locker mehr als 10 000 Euro ausgeben, im Weingut zahlen sie sich 600 Euro aus. Aus seiner Zeit im Schwarzwald brachte Matthias Adams die Gewissheit mit: Es geht auch mit weniger. Und als Mann der Zahlen wusste er, worauf er sich einließ. „Mir ist von Anfang an klar gewesen, dass die Risiken enorm sind, gigantisch. Wir haben hier einen völlig überschuldeten Betrieb übernommen. Wenn das nicht gelaufen wäre, wäre das finanziell auch mein Tod gewesen. Aber es ist nicht einfach, wenn man finanziell so auf Null runterfährt wie wir. Wir standen manchmal da und wussten nicht, wie wir unsere Mitarbeiter bezahlen sollten."

Hart ist auch der Wechsel aus der Großstadt in die Provinz. In Moskau ging er abends ins Bolschoi, Berlin war für den Opernliebhaber das Paradies. Und jetzt? „Die nächste Oper ist in Wiesbaden: mäßig. Frankfurt: sehr mittelprächtig. Also da bin ich wirklich in der Diaspora gelandet. Das ist sicherlich die Schattenseite des Ganzen, dass ich nicht mehr so einfach an diesem kulturellen Leben teilnehmen kann wie früher."

Auch von Statussymbolen hat er sich verabschiedet. Von seinen Autos trennt er sich ohne Schmerzen, als er Geld braucht. Die sind dann eben weg, und fertig. „Andere Sachen fallen einem schwerer, zum Beispiel, wenn man plötzlich nicht mehr so viel in der Weltgeschichte rumfliegt. Das habe ich natürlich auch genossen. Oder ich wurde zu irgendwelchen außergewöhnlichen Partys eingeladen." In München und vor allem in Berlin tauchte er ein in eine faszinierende Szene. Er empfand diese Kontakte zu interessanten Menschen als Bereicherung, und er sagt offen: Ich vermisse das.

Telefon und Internet sind heute seine Nabelschnur in

diese Welt. Doch zu vielen, die er in München für seine Freunde hielt, ist der Kontakt völlig abgerissen. „80 Prozent waren weg, und sind merkwürdigerweise auch nicht zu reaktivieren. Vor zwei Jahren habe ich nochmals versucht, zu dem einen oder anderen Kontakt aufzunehmen – keine Chance. Das klappt nicht mehr. Ich bin für die nicht mehr wichtig."

Einige sehr gute Freunde sind ihm geblieben, aber die kommen aus anderen Bereichen. Zum Teil aus seiner Zeit bei KPMG in Berlin, aber auch aus Gebieten, die nichts mit seiner damaligen Tätigkeit als Berater zu tun hatten. „Aber Freundschaften, die ich in meiner Münchner Zeit aufgebaut hatte oder dachte, aufgebaut zu haben, zu irgendwelchen Top-Anwälten oder Investment-Bankern, da sind viele nicht mehr da, da kommt man auch nicht mehr ran. Keine Chance. Diese ganze Szene, das ist eine riesengroße Scheinwelt."

Diesem Teil seiner Vergangenheit weint Matthias Adams keine Träne nach. Auch den Gesprächen nicht, bei denen es darum ging, wer gerade das größte Rad dreht. „Da hat man natürlich rumgeprotzt, ich hab' jetzt einen Dreieinhalb-Milliarden-Deal gemacht oder sonst irgendetwas. Gerade in dem Freundeskreis oder Umfeld mit all den Investmentbankern, die auch alle rumgeprotzt haben, da musste man natürlich auch ein bisschen gegenhalten. Aber gerade da bin ich auch zu der Erkenntnis gekommen, dass es vollkommen egal ist, ob ich da jetzt bei so einem Deal mitmache oder nicht. Das sind Sachen, die für mich heute keine Rolle mehr spielen."

Heute geht es im Leben von Matthias Adams um andere Entscheidungen. Kaufen wir diesen Weinberg oder kaufen wir ihn nicht? Wie vergrößern wir unseren Betrieb so, dass sich die Dinge rechnen und wir trotzdem auf dem Boden bleiben?

Es sind konkrete Fragen, und es geht um greifbare Dinge. Und die Entscheidungen für die Zukunft des Weinguts sind auch Antworten auf die Grundfragen, die er sich im Schwarzwald gestellt hatte: „Womit kann ich Substanz schaffen? Was kann ich heute noch machen, um wirklich Substanz zu schaffen?"

Die Schöpfung bewahren, mit der Natur arbeiten und etwas schaffen, das bleibt – so buchstabiert Matthias Adams für sich heute Substanz. Diese Werte seien für ihn nicht neu, sagt er, sie seien nur lange verschüttet gewesen. „Es ist bei uns in der Familie immer schon so gewesen, dass man auch in Generationen gedacht hat. Es gab bei uns Familientage, bei denen das hochgehalten wurde, was die Generationen vor uns geschaffen hatten. Auch der Naturgedanke hat sich bei mir schon früh verankert. Diese Melodie ist schon lange mitgelaufen. Irgendwann ist sie dann überlagert worden von dem Karrieremachen, und dann war sie plötzlich weg. Und dann kam sie eben irgendwann wieder hervor."

Den Bruch in seiner Karriere empfindet er im Rückblick nicht als Unglück, im Gegenteil: Der Verlierer jenes Machtkampfs im Jahr 2002 sieht sich heute eindeutig als Gewinner. „Rückblickend glaube ich, dass es irgendwann sowieso gekracht hätte. Dass es fast zwingend war, dass bei mir so etwas kommt. Früher habe ich den 08/15-Karriereweg beschritten, ohne darüber nachzudenken, ob es Sinn macht oder ob es keinen Sinn macht. Und das ist, glaube ich, der wesentliche Unterschied zu meiner jetzigen Situation. Ich glaube, dass das, was ich jetzt mache, viel mehr dem entspricht, was ich wirklich kann, was ich gerne mache, und wie ich mich wohl fühle. Und ich bin jetzt davon überzeugt, dass das, was ich mache, Sinn macht."

Vor drei Jahren kauften seine Frau und er einen neuen Weinberg. In ihrem Internet-Blog „Aus Liebe zum Wein" schreibt Luise von Racknitz-Adams über den verwilderten Zustand der einstigen Toplage, über die harte Arbeit, daraus wieder einen funktionierenden Weinberg zu machen – und über die kleinen ‚Geschenke' am Rande ihres Alltags. „Wenn mein Mann am Ende eines Tages mit der Arbeit am Königsfels fertig ist, sitzt er manchmal noch ein bisschen auf dem Traktor, schaut in den Sonnenuntergang und genießt die Aussicht."

VII Aktiv durch die Krise steuern

Unsere innere Kraftquelle: Die Wirkung des Positiven

Thomas von Mouillard, Beate Berroth, Matthias Adams und Thomas Burscheidt mussten beruflich einen Bruch hinnehmen, gegen ihren Willen und ihre Planung. Alle vier verloren ihre Chefposition und verdienten anschließend weniger Geld – für eine Übergangsphase oder auf Dauer. Dennoch sagen drei der vier ohne Wenn und Aber: Im Rückblick war dieser Bruch ein Glücksfall, es geht mir heute besser als früher.

„Nach einem Karrierebruch erholen sich manche Menschen nie oder nur sehr langsam, sie sind verbittert und hadern mit ihrem Schicksal. Wie kommt es, dass es bei Ihnen anders gelaufen ist?" – diese Frage habe ich jedem der vier gestellt. Und es zeigte sich: Trotz aller Unterschiede haben diese vier Menschen einiges gemeinsam: ihren Optimismus, ihr Selbstwertgefühl und den Entschluss, nicht in der Opferrolle zu verharren, sondern ihre Zukunft in die Hand zu nehmen.

Dazu kommt: Alle vier fühlen sich jetzt besser gerüstet für den Fall, dass sie noch einmal in eine berufliche Krise geraten sollten. Thomas von Mouillard: „Ich sehe das jetzt sehr entspannt. Allein das Wissen darum, dass es dieses Auffangbecken in der Familie und im sozialen Umfeld gibt. Und auch die Erfahrung, so etwas einmal durchgestanden zu haben. Ich glaube nicht, dass ich je wieder in so eine Situation kommen würde. Und wenn, da bin ich ziemlich sicher, könnte ich das rechtzeitig in die Hand nehmen. Ich wüsste: Ich kann damit umgehen."

Auch Matthias Adams sagt: Man ist nie gefeit gegen eine berufliche Krise. Und mit dem Weingut sind wir ein großes Risiko eingegangen. Aber ich würde mich auch bei einem nächsten Mal nicht unterkriegen lassen. „Ganz einfach, weil ich beim letzten Mal eine gute Erfahrung gemacht habe, wie ich da rangegangen bin. Dass ich meinen Grundeinstellungen vertrauen kann. Insofern kann ich meine heutige Arbeit mit Zuversicht angehen und mir sagen: Für den Fall, dass es schiefgehen sollte, lasse ich mir eine Lösung einfallen."

Thomas Burscheidt geht noch einen Schritt weiter. Im Rückblick sagt er: Als meine Karriere in die Krise geriet, habe ich zugelassen, dass andere über mich bestimmen. Das würde ich nicht noch einmal so machen. „Ich habe mir das Gesetz des Handelns aus der Hand nehmen lassen. Das kostet Kraft, und Sie machen dann Fehler. Letztlich ist es die Angst vor dem, was kommt, vor der wirtschaftlichen Situation und vor dem Unbekannten nach einem solchen Schnitt. Und diese Angst bringt einen dazu, Dinge fortzuführen wider besseres Wissen. Das habe ich aus dieser Erfahrung gelernt, und deshalb kann ich heute sagen: Das wird mir nicht mehr passieren. Ich würde viel früher von mir aus die Konsequenzen ziehen, auch ohne eine neue Position zu haben."

Auch Beate Berroth sagt im Rückblick: Ich habe mir vor der Insolvenz zu schnell das Heft aus der Hand nehmen lassen und gesagt: Ich ergebe mich. Inzwischen weiß ich, es ist wichtig, dass ich mich durch Probleme nicht lähmen lasse, sondern versuche, etwas zu tun. Das ist besser als hinterher zu grübeln, ob es vielleicht noch eine Chance gegeben hätte.

Optimismus, Selbstwertgefühl und der Wille zu handeln – diese Einstellungen stehen in einem inneren Zusammenhang. Und sie bestimmen mit, wie wir Krisen überstehen. Entdeckt und erstmals beschrieben hat diesen Zusammenhang ein US-Medizinsoziologe: der Stressforscher Aaron Antonovsky.

In einer Studie befragte er unter anderem Frauen, die die Konzentrationslager der Nazis überlebt hatten. Und fand heraus, dass fast ein Drittel seelisch und körperlich wieder in guter Verfassung war. „Den absolut unvorstellbaren Horror des Lagers durchgestanden zu haben, anschließend jahrelang entwurzelt gewesen zu sein und sich dann ein neues Leben in einem Land aufgebaut zu haben, das drei Kriege erlebte – und dennoch in einem angemessenen Gesundheitszustand zu sein!"[14] Für Antonovsky erschien dies wie ein Wunder, und er begann, dieses Phänomen zu erforschen: Warum überstehen manche Menschen selbst absolute Stresssituationen unbeschadet? Warum schaffen sie es immer wieder, sich zu stabilisieren und gesund zu erhalten – trotz massiver Belastungen durch krank machende Einflüsse?

Für die Sicht auf Krankheit und Gesundheit war dies eine Revolution. An die Stelle der klassischen Ursachenforschung „Was macht krank?" rückte Antonovsky die Frage: Was erhält Menschen gesund? Aus seinen Erkenntnissen schuf er ein Modell und nannte es Salutogenese – Gesundheitsentstehung.

Gesundheit und Krankheit sind für Antonovsky keine Gegensätze, sondern die beiden Enden einer Achse. In seinem Modell gibt es keine klare Trennlinie zwischen gesund

und krank. Niemand ist zu einem bestimmten Zeitpunkt völlig krank oder völlig gesund, sondern wir stehen irgendwo zwischen den beiden Polen. Unsere jeweilige Position ergibt sich aus dem momentanen Kräfteverhältnis zwischen krank machenden „Stressoren" und den schützenden Kräften, über die wir verfügen.

Die zentrale Kraftquelle gegen das Krankwerden in einer Stresssituation nennt Antonovsky „Kohärenz": ein umfassendes Vertrauen, dass die Dinge in uns und um uns herum auf eine gute Art und Weise zusammenhängen, dass sie in Ordnung sind oder wieder in Ordnung kommen können. Dieses Grundvertrauen ruht auf drei Säulen: Ich kann verstehen, was geschieht (Verstehbarkeit), ich kann die Dinge bewältigen (Handhabbarkeit), und mein Engagement lohnt sich, denn mein Leben hat einen Sinn (Bedeutsamkeit).

Verstehbarkeit bedeutet für Antonovsky den Eindruck, dass die Ereignisse in meinem Leben einer bestimmten Ordnung folgen. Ich kann nachvollziehen, warum sie passieren. Es gibt Gründe. Nichts passiert völlig aus heiterem Himmel. „Die Person mit einem hohen Ausmaß an Verstehbarkeit geht davon aus, dass künftige Stimuli (also Einwirkungen von außen) vorhersagbar sein werden, oder dass überraschende Ereignisse zumindest eingeordnet und erklärt werden können. (Es geht dabei nicht um die Frage, ob ein Ereignis wünschenswert ist oder nicht.) Tod, Krieg und Versagen können eintreten, aber solch eine Person kann sie sich erklären."[15]

Handhabbarkeit definiert Antonovsky als die Fähigkeit zu erkennen, dass ich in einer Krise die Dinge in die Hand nehmen und bewältigen kann. Ich habe Ressourcen, also Kraft und Ideen. Falls diese nicht ausreichen, kann ich mir

Hilfe holen – bei meiner Familie, bei Freunden, bei Experten. „Wer ein hohes Maß an Handhabbarkeit erlebt, wird sich nicht durch Ereignisse in die Opferrolle gedrängt oder vom Leben ungerecht behandelt fühlen. Bedauerliche Dinge geschehen nun einmal im Leben, aber wenn sie dann auftreten, wird man mit ihnen umgehen können und nicht endlos trauern."[16]

Bedeutsamkeit oder Sinnhaftigkeit ist für Antonovsky das sichere Gefühl, dass mein Leben sinnvoll ist und es sich deshalb lohnt, in zentralen Bereichen die Dinge in die Hand zu nehmen. „Ereignisse, die sich in diesen Bereichen abspielten, wurden (von den Interviewten) tendenziell als Herausforderung angesehen und als wichtig, emotional in sie zu investieren und sich zu engagieren."[17] Aus Verstehbarkeit, Handhabbarkeit und Sinnhaftigkeit schöpfen wir Optimismus, Selbstwertgefühl und den Willen, zu handeln.

Seelisch gesund bleibt Antonovsky zufolge also nicht der seltene Glückspilz, in dessen Leben nur positive Dinge geschehen. Seelisch gesund bleiben wir dann, wenn wir auch negative Ereignisse verstehen und einordnen können. Wenn wir sie nicht dauerhaft als Heimsuchung empfinden, sondern auch als Herausforderung. Wenn wir gerüstet sind, Probleme unerschrocken anzupacken, in dem Bewusstsein: Es lohnt sich.

Aus einem Gefühl der Kohärenz heraus empfinden wir fordernde Situationen nicht nur als Belastung, sondern sehen sie auch positiv, und wir lassen uns durch Probleme nicht lähmen.

Seelische Gesundheit ist Antonovsky zufolge kein statischer Zustand und keine automatische Folge äußerer Einflüsse, sondern eine Fähigkeit. Sein Salutogenese-Modell umschrieb er einmal mit dem Bild vom Leben als steile und gefährliche Skipiste. Wir alle müssen da hinunter, und es gibt natürlich reichlich Unfälle. Zwei Arten von Helfern sind unterwegs: die klassischen mit ihrer Orientierung am pathogenetischen Prinzip „Was macht krank?" und die Vertreter der Salutogenese. „Die pathogenetische Orientierung beschäftigt sich hauptsächlich mit denjenigen, die an einen Felsen gefahren sind oder an einen Baum, die mit einem anderen Skifahrer zusammengestoßen sind oder in eine Gletscherspalte fielen. Weiterhin versucht sie uns zu überzeugen, dass es das Beste ist, überhaupt nicht Ski zu fahren. Die salutogenetische Orientierung beschäftigt sich damit, wie die Piste ungefährlicher gemacht werden kann und wie man Menschen zu sehr guten Skifahrern machen kann."[18]

Auch die Weltgesundheitsorganisation WHO machte sich Antonovskys Sichtweise zu eigen. In der Ottawa-Charta von 1986 heißt es: „Gesundheitsförderung ... will den Menschen helfen, mehr Einfluss auf ihre eigene Gesundheit und ihre Lebenswelt auszuüben und ... Veränderungen in ihrem Alltag zu treffen, die ihrer Gesundheit zugutekommen." US-Studien aus der Arbeitswelt belegen das Salutogenese-Modell: Auf gravierende Einschnitte wie etwa Stellenstreichungen reagieren zwei Drittel der betroffenen Mitarbeiter mit Migräne, Angstattacken, Depressionen oder Herz-Kreislauf-Problemen. Ein Drittel bleibt gesund und leistungsfähig.

Rüstung für die Seele: Die Kraft der Resilienz

Mit seinem neuen Blick auf Gesundheit und Krankheit hatte Antonovsky eine Tür aufgestoßen. Auch andere machten sich daran, das Geheimnis der inneren Stärke von Menschen in Krisenzeiten zu ergründen. Antonovskys Begriff der Kohärenz ist bis heute nur in Fachkreisen bekannt, etwas gängiger ist in diesem Zusammenhang inzwischen das Wort Resilienz. Es steht für unsere psychische Widerstandskraft, für unsere seelische Unerschütterbarkeit bei Stress und in Krisen.

Auch Resilienz ist kein Zustand, sondern eine Fähigkeit. Sie ist uns nicht in die Wiege gelegt als Gabe, die der eine hat und der andere nicht. Resilienz kann ich mir erwerben. Das bedeutet Arbeit, aber auch Hoffnung: Ich kann es schaffen.

In ihrem Buch „Der R-Faktor. Das Geheimnis unserer inneren Stärke" spricht Micheline Rampe von den „Sieben Säulen der Resilienz": Optimismus, Akzeptanz, Lösungsorientierung, die Opferrolle verlassen, Verantwortung übernehmen, Netzwerk-Orientierung, Zukunftsplanung. Jede Säule trägt dazu bei, dass ich in einer Krisensituation nicht untergehe.

Optimismus: Ich kann eine Krise leichter bewältigen, wenn ich weiß, sie geht vorbei. Und wenn ich mich erinnere, dass ich schon früher mit Krisen zurechtgekommen bin. Die Arbeitsmedizinerin Marianne Engelhardt-Schagen: „Das ist auch eine Frage, die man als Arbeitsmediziner in einer solchen Situation stellen würde: Haben Sie etwas ähnlich Erschütterndes oder das Gefühl, der Boden wird Ihnen weggezogen, schon einmal erlebt? Und wie sind Sie damals damit umgegangen? Was hat Ihnen geholfen? Was davon können Sie heute wieder aktivieren?"

Akzeptanz: Ich nehme die Situation an. Ich gestehe mir ein, dass ich sie nicht ungeschehen machen kann. Akzeptieren kann wehtun, aber nur dann kann ich die Vergangenheit hinter mir lassen und nach vorne schauen. Der

Coach Helmut Wall sagt dazu: „Auch im Coaching müssen wir den Menschen erst einmal dazu helfen, diese Talsohle zu akzeptieren: Es ist so, die Realität ist so. Danach kann ich sehen, was ich daraus mache."

Lösungsorientierung: Ich akzeptiere, was passiert ist, und ich bin trotzdem optimistisch – jetzt kann ich konkret überlegen, wie ich meine Lage verändern kann. Gut, wenn ich dann nicht allein bin. Marianne Engelhardt-Schagen: „Die Leute brauchen die Möglichkeit, über ihre Lage zu sprechen. Sprache strukturiert ja auch. Mein Eindruck ist, dass sich Dinge im Sprechen sortieren und angeschaut werden können, und das eröffnet nochmals einen anderen Zugang."

Die Opferrolle verlassen: So lange ich die Ungerechtigkeit der Welt beklage oder die Unfähigkeit meines Chefs, verharre ich in der Position des hilflosen Opfers. Nur wenn ich mich davon löse, kann ich das Steuer wieder in die Hand nehmen. Helmut Wall: „Es geht um die Frage: Bin ich Spielball der Ereignisse, bin ich ausgeliefert? Oder lerne ich wieder, Kontrolle zu erlangen und erfahre: Ich kann es selbst beeinflussen? Es ist hilfreich, wieder zu sich zu kommen und dieses Gefühl von Selbstwirksamkeit zu erleben."

Verantwortung übernehmen: Hier geht es um meinen Anteil an der Krise. Was habe ich möglicherweise selbst dazu beigetragen, dass ich in diese Lage kam? Was kann ich jetzt tun, um sie zu verbessern? Und was kann ich künftig anders machen, damit mir das möglichst nicht noch einmal passiert? Verantwortung übernehmen heißt aber auch: Ich mache mich nicht pauschal zum Sündenbock, sondern schaue genau hin.

Netzwerk-Orientierung: Ich löse mich von der Vorstellung, alles alleine bewältigen zu müssen. Ich suche mir

Partner und Unterstützer, und ich pflege diese Beziehungen. Und in einer Krise lasse ich mir auch von Experten helfen. Helmut Wall: „Deshalb plädieren wir ja auch dafür, dass Coaching und auch in angemessener Form Psychotherapie in der heutigen Zeit immer wichtiger genommen werden. Die Zeit wird schnelllebiger, die Brüche werden häufiger, und sie werden vielleicht auch abrupter. Und sich darauf vorzubereiten, ist nicht einfach."

Zukunftsplanung: Was sind meine Chancen für morgen? Wo liegen meine Risiken? Mit welchen künftigen Krisen muss ich rechnen? Und wie kann ich mich auf diese Fälle vorbereiten? Die Outplacement-Beraterin Cornelia Strobel: „Falls mir so etwas wieder passiert, und das kann man heute ja nie ausschließen: Wie mache ich es beim nächsten Mal? Wie kann ich mich selbst wieder in meine Ruhe und in meine Kraft bringen? Und wie gehe ich konkret mit der Situation um? Wo werde ich aktiv? Wann nutze ich für eine Stellensuche mein Netzwerk, wann Stellenanzeigen, wann gehe ich zu einer Personalberatung?"

Resilienz lässt sich trainieren: Gemeinsam mit dem Coach bilanziere ich meine guten Seiten. Wo liegen meine Stärken? Was fällt mir leicht? Was mag ich an mir? Und: Was wollte ich schon immer machen, hatte aber nie Zeit dafür? Eine große Wanderung, eine Sportprüfung, einen Besuch? Jetzt kann ich diese Ideen vielleicht in die Tat umsetzen. Ich mache mir selbst ein Geschenk damit und schaffe zugleich ein Gegengewicht zur scheinbaren Allmacht der negativen Gefühle nach einem Karrierebruch.

Meine Resilienz stärken kann ich auch mit einem Blick auf überstandene frühere Krisen: Zunächst erschien mir das Ganze wie ein unüberwindliches Hindernis, aber dann habe ich mich wieder aufgerappelt. Heute belastet mich die

Sache nicht mehr, im Gegenteil: Ich habe sogar etwas daraus gelernt.

Auch manche Traumatherapeuten arbeiten so. Sie lassen ihre Patienten die schlimmsten Ereignisse in ihrem Leben bilanzieren und fragen dann im einzelnen ab: Wie stark hat mich die Sache damals belastet? Wie stark belastet sie mich heute noch? Wer hat mir geholfen? Wie habe ich mir selbst geholfen? Welche Stärken habe ich dabei gewonnen?

Nicht zufällig finden sich die „Sieben Säulen der Resilienz" also im Coaching und in der Outplacement-Beratung wieder – als Orientierungsrahmen für die Arbeit der Beraterinnen und Berater, und als Ziele für die Klienten. Mit Antonovsky könnte man also sagen: Coaching und Outplacement-Beratung wollen die verschütteten Quellen unserer Gesundheit freilegen, unsere Fähigkeiten zum optimistischen Umgang mit Stress und Krisen aktivieren, stärken – oder überhaupt entwickeln. Mit dem Ziel, dass wir „sehr gute Skifahrer" in eigener Sache werden.

VIII Arbeitswelt im Wandel

Die neue Gewissheit: Alles wird anders

„Alle Jobs sind härter geworden, weil alles schneller ist" sagt der langjährige General-Electric-Chef Jack Welch.[19] Die Globalisierung bringe neben Chancen auch Gefahren, und das Internet drücke enorm aufs Tempo. Dies wirkt sich auch auf die Arbeitszeit aus. Viele Festangestellte arbeiten heute deutlich länger als tariflich geregelt. Im Jahr 2006 ergab die fünfte Erwerbstätigenbefragung der Bundesanstalt für Arbeitsschutz und Arbeitsmedizin: Zwei von drei Angestellten arbeiten mehr als 40 Stunden in der Woche – aber nur jeder Dritte davon hatte dies so vereinbart. Die weitestgehende Abkehr vom geregelten Feierabend ist die „Vertrauensarbeitszeit". Hier zählen nur die Ergebnisse meiner Arbeit. Wie lange ich dafür brauche, ist meine Sache. Dies macht mich frei – aber nur scheinbar. In Zeiten hohen Wettbewerbsdrucks bleibt mein Privatleben auf der Strecke.

Hilmar Schneider vom Institut zur Zukunft der Arbeit (IZA) ist sich sicher: „Das Normal-Arbeitsverhältnis ist auf dem Rückzug. Es hatte seine Hoch-Zeit schon in den sechziger Jahren"[20] – also zu einer Zeit, als es noch Vollbeschäftigung gab. Auch andere Experten kommen zu dem Schluss: Die Rahmenbedingungen von Arbeit ändern sich, die Beschäftigungsverhältnisse werden unsicherer. Selbst als gut Ausgebildeter werde ich im Laufe meines Berufslebens immer wieder auf dem Prüfstand stehen. Neben meiner Fachkompetenz wird meine Flexibilität immer wichtiger. Meine Lern- und Veränderungsbereitschaft bestimmen meine „Employability": Ich bin für eine Firma attraktiv – oder nicht.

Damit wächst die Wahrscheinlichkeit von Brüchen in der Berufsbiografie, und lineare Karrieren werden seltener. Die Outplacement-Beraterin Cornelia Strobel: „Das Geradlinige gab es in den Zeiten der Vollbeschäftigung. Die klassische Entwicklung – ich mache eine Lehre oder ein Studium, gehe dann in ein Unternehmen und bleibe dort bis zur Rente – das weicht deutlich auf. Zum Teil wollen das die Unternehmen gar nicht mehr. Und die Menschen stellen sich auch darauf ein, die Loyalität zum Unternehmen nimmt ab."

Auch für den Management-Trainer Joachim Selter steht fest: Es wird in Zukunft keine dauerhafte Sicherheit im Beruf mehr geben. Ich muss mir meinen Platz immer wieder neu erarbeiten, ich muss Unsicherheit aushalten, und mein Erfolg wird nicht nur von meinem Fachwissen abhängen. „Es gibt in dem Bereich Gewinner und Verlierer. Es gibt Menschen, die sind sehr gut vorbereitet auf Komplexität, auf Brüche und auf den Umgang mit Veränderungssituationen. Das hängt auch von Persönlichkeitsfaktoren ab. Ich erlebe junge Leute, denen macht es Spaß, sehr viel auszuprobieren. Das sind für mich die Gewinner dieser gesellschaftlichen Veränderungen."

Probleme sieht Selter auf alle diejenigen zukommen, die sich von ihrer Persönlichkeit schwer tun mit Unsicherheiten und mit dauernden Veränderungen. „Die wollen Eindeutigkeit. Klare Linien, enge Strukturen, wenig Komplexität. Die scheitern häufig genau an diesen Arbeitsbedingungen. Die wollen Kontinuität, Verbindlichkeit und Langfristigkeit, und die kriegen sie nicht mehr. Stattdessen bekommen sie Projekte. Diese Menschen laufen Gefahr, da an ihre Grenzen zu stoßen und dann zu resignieren."

Zu Brüchen kann es auch kommen, wenn ein Unternehmen die Grundlinien seiner Arbeit ändert und damit seine gesamte Kultur. Auch das wird häufiger in Zeiten verschärften Wettbewerbs. Die Arbeitsmedizinerin Marianne Engelhardt-Schagen erlebt in ihrer heutigen Arbeit als Coach immer wieder, dass Führungskräfte konfrontiert sind mit einem abrupten Wechsel der Firmenkultur – etwa von einer an Qualität orientierten Produktion zur billigst möglichen Fertigung. Wer dies umsetzen muss, erlebt dabei, dass vertraute Werte plötzlich nicht mehr gefragt sind. „Das sind nicht so dramatische Brüche, wo man abgesägt wird oder weg ist vom Fenster, aber wo man versuchen muss, als Person neu in der Kultur des Unternehmens anzudocken, ohne die eigenen Werte, die einen ja weit gebracht haben, über Bord zu werfen. Das sind schon harte Scherkräfte, die in solchen Situationen teilweise auch an Führungskräften zerren."

Das vorherrschende Gefühl vieler Betroffener: Das ist nicht mehr meine Welt. Sie strecken die Waffen und sind froh, wenn sie alt genug sind für den Vorruhestand. Als Coach erlebte Marianne Engelhardt-Schagen dieses Phänomen an einer großen Berliner Klinik. Angesichts der Finanzkrise im Gesundheitswesen wurde das Krankenhaus nach betriebswirtschaftlichen Kriterien umstrukturiert. „Ich habe eine Frau vor Augen, die sagt: Es war eine gute Zeit, diese 30 Jahre. Aber was hier jetzt passiert, kann ich mit meinen Werten nicht mehr vereinbaren."

Einen Kulturbruch ganz anderer Art erlebte sie in ihrer Zeit als Betriebsärztin. Nach dem Mauerfall verabschiedete sich das Unternehmen von jahrzehntelang gültigen Grundprinzipien. Für manche Mitarbeiter war das ein Schock. „Früher war die Devise: präventive Instandhaltung in den Kraftwerken, weil alle den Horror hatten, dass in Berlin das Licht ausgeht. Deshalb wurde jedes Jahr in jedem Kraftwerk die gesamte Anlage auseinandergenommen, gewartet und wieder zusammengesetzt. Als nach der Wende die Verbundleitungen nach Osten und nach Westdeutschland standen, war die Devise: Störfall-orientierte Instandhaltung. Das heißt, die Kraftwerke sollten die Anlagen fahren, bis eine Reparatur unumgänglich wurde. Ich habe mehrfach gestandene Meister mit Tränen in den Augen vor mir sitzen gehabt, die sagten: Wissen Sie, ich kann das alles gar nicht mehr aushalten. – Und ich dachte: Ja, das muss wahnsinnig schwer sein, wenn ich das 30 Jahre anders gemacht habe. Diese Leute hatten ja auch ihren Stolz, dazu beizutragen, dass in Berlin nicht das Licht ausgeht. Und jetzt hatten sie das Gefühl, mit der neuen Devise wird das abgewertet, was sie vorher gemacht habe. Das war alles Mist. Das haben viele nicht verkraftet."

Gegenwind von unten: Karriere nicht mehr um jeden Preis

Auf der einen Seite steht das Prinzip von Jack Welsh, „Alle Jobs sind härter geworden, weil alles schneller ist." Auf der anderen Seite stehen die, die nach diesem Prinzip arbeiten sollen. Viele passen sich an, aber einige wehren sich. Vor allem Jüngere und Hochqualifizierte nehmen es nicht mehr ungefragt hin, dass die Firma alles diktiert: das Tempo, die Arbeitszeit, den wechselnden Einsatzort.

Diese Einschätzung teilt auch die Arbeitssoziologin Almut Kirschbaum. „Es gibt eine Reflexion darüber, welche

Wichtigkeit Arbeit und Leben haben. Und die Überlegung ‚Karriere nicht um jeden Preis‘ gewinnt an Bedeutung. Auch die Suche nach einem sozial orientierten Arbeitgeber spielt eine Rolle. Das heißt, ich suche mir gezielt aus: Wo werde ich mich wohl fühlen? Wo kann ich schon auch Karriere machen, aber auch zu meinen Bedingungen?"

Geld und eine schnelle Karriere sind für die neuen Nachdenklichen nicht mehr das Maß aller Dinge. Sie wollen sich dem Unternehmen nicht mit Haut und Haaren ausliefern, sondern Raum und Energie behalten für Freundschaften und für eine Familie. Bei der Entscheidung für einen neuen Arbeitgeber und den Wechsel des Wohnorts ist die Frage einer guten Kinderbetreuung dann genauso wichtig wie die des Gehalts. Die neuen Nachdenklichen sehen auch ihre Pflegeverantwortung für ihre älter werdenden Eltern, und sie wollen genügend Zeit haben für den Partner, für Sport, für soziales Engagement – Work-Life-Balance also. Das Bedürfnis nach einem guten Leben neben der Arbeit. Und das Bedürfnis, diese beiden Bereiche gut miteinander verknüpfen zu können.

Auch Unternehmen spüren diesen Wandel. Und in Zeiten wachsenden Fachkräftemangels sehen sich selbst internationale Konzerne bei Bewerbungsgesprächen gezielten Fragen ausgesetzt. Die Deutschland-Personalchefin von Microsoft, Brigitte Hirl-Höfer: „Wir beobachten, dass speziell unter Hochschulabsolventen ein Generationenwechsel im Gange ist: High Potentials wollen mehr als nur Karriere. Schon im Job-Interview stellen sie andere Fragen. ... Sie achten inzwischen genau darauf, ob ein Unternehmen familienfreundlich ist, auch die Männer."[21]

Ausgelöst wird die neue Nachdenklichkeit nach Kirschbaums Beobachtungen zum einen durch die Erfahrung von

Unsicherheit am Arbeitsplatz: Selbst wenn ich mich noch stärker engagiere und noch länger arbeite, habe ich trotzdem keine Garantie, dass ich meine Stelle behalte. Dann schaue ich doch lieber, wie ich so arbeite, dass es mir jetzt gut geht.

Auch erschütternde Erfahrungen in der Familie schaffen Distanz zu übergroßen Anforderungen am Arbeitsplatz. Wenn jemand erlebt, dass der eigene Vater stirbt, ein oder zwei Jahre nachdem er in Rente gegangen ist. Und man selbst weiß: Der Vater hatte sein ganzes Geld in ein Eigenheim gesteckt und nie Urlaub gemacht. Dann kann dieses Erlebnis ein Auslöser sein, das eigene Leben zu überdenken. Dann entscheidet sich der Sohn oder die Tochter vielleicht, für sich selbst anders vorzusorgen. Biografischer zu denken und zu überlegen: So wie mein Vater möchte ich es später einmal nicht haben. Aber wie dann? Und was muss ich tun, damit es mir anders ergeht?

Manche Jüngere springen dann gar nicht erst auf das Karrierekarussell. Ältere halten inne und versuchen, vom Karussell abzusteigen. Auch hier sind Einbrüche im privaten Bereich oft ein entscheidender Auslöser: Ein Angehöriger wird schwer krank oder stirbt. Oder die Ehe zerbricht. Der Management-Trainer Joachim Selter kennt diese Situationen aus seiner Arbeit als Coach: „Da erlebe ich häufig, dass solche Einschnitte in der Privatwelt sich sehr stark auf die Leistungsfähigkeit niederschlagen. Und dass die Leute dann sagen: Ich gebe das auf, ich mache hier nicht weiter."

Gerade das Zerbrechen einer Ehe kann Menschen dazu bringen, ihre bisherige Arbeitshaltung kritisch zu überdenken und sich vielleicht neu zu orientieren. Denn sie merken: Ich habe zu viel in die Firma investiert und mich zu wenig um die Familie gekümmert. „Da macht der Partner dann deutlich: Pass auf, ich trenne mich auch deshalb, weil Du mit der Firma verheiratet bist und nur an Deine Karriere denkst."

Wer an dieser Stelle innehält, hat die Chance, sich neu zu orientieren in seiner Lebensplanung. Nach Almut Kirschbaums Beobachtung geht es dabei um drei Fragen: Wie will ich künftig mein Leben gestalten? Wie viel Geld brauche ich wirklich? Wie wichtig ist Zeit für mich? „Wenn ich zum Beispiel meine Vollzeitstelle aufgebe und in Teilzeit wechsle, dann habe ich natürlich weniger Geld, ich kann mir finanziell weniger leisten und meinen Kindern weniger bieten. Aber ich habe dafür mehr Zeit."

Die Beantwortung dieser drei Fragen kann zu einer neuen Selbststeuerung führen: Ich bestimme über mein berufliches Leben, über mein Engagement, aber auch über die Grenzen dieses Engagements. Diese neue Form der Selbststeuerung hat nichts zu tun mit der scheinbaren Freiheit der „Vertrauensarbeitszeit". Sie kommt von innen, aber sie kommt nicht von selbst. Diese Identität muss ich mir erarbeiten.

Wettstreit um gute Mitarbeiter: Auch Firmen bewegen sich

Nicht jedes Unternehmen gibt den Druck des globalen Wettbewerbs ungebremst an seine Beschäftigten weiter. Wirtschaftlicher Erfolg ist nicht nur eine Frage der Kostenreduzierung. Auch das „Humankapital" spielt eine große Rolle, und inzwischen gibt es Modelle, wie man diesen Faktor sogar in die Unternehmensbilanz aufnehmen könnte.

Kluge Firmenchefs wissen aber auch ohne formale Bilanzierung: Erfahrung, Wissen und Motivation der Belegschaft sind ein hohes Gut. Angesichts der zunehmenden Überalterung unserer Gesellschaft werden in einigen Bereichen qualifizierte Mitarbeiter bald rar werden. Dann werden jene Unternehmen im Vorteil sein, die Mitarbeiter nicht nur durch Geld an sich binden können.

Ein entscheidender Faktor wird die Firmenkultur sein, und hier vor allem die Mitarbeiter-Orientierung, die in einem Unternehmen herrscht. Das Zauberwort heißt „Diversity" – Vielfalt. Anstatt alle Mitarbeiter über einen Kamm zu scheren, bieten Diversity-orientierte Unternehmen Raum für die unterschiedlichen Bedürfnisse ihrer Beschäftigten.

Zum Beispiel bei der Arbeitszeit. Hier geht es etwa um Arbeitszeitkonten, um Teilzeitarbeit und vor allem um eine echte Offenheit für Elternzeit. Untersuchungen zeigen: In Familien-orientierten Unternehmen fehlen Mitarbeiter mit Kindern seltener, sie nehmen kürzere Babypausen, sind zufriedener, motivierter – und leisten dadurch mehr.

„Wer die Bedürfnisse von Eltern berücksichtigt, hat schon heute die Nase vorn und wird die Konkurrenz abhängen", verkündete Bundesfamilienministerin Ursula von der Leyen im Sommer 2008.[22] Aus demografischen Gründen treffe der Fachkräftemangel Deutschland schneller und stärker als andere EU-Länder. Studien ihres Hauses zufolge sei für neun von zehn jungen Leuten das Familienbewusstsein eines Unternehmens genauso wichtig wie die Höhe des Gehalts. „80 Prozent würden wechseln, wenn sie Beruf und Familie nicht unter einen Hut bringen könnten", sagte von der Leyen. 20 Prozent hätten es schon getan. Aus Sicht der Ministerin denken viele Firmen inzwischen um – nicht nur die Konzerne, sondern auch mittelständische und kleine Unternehmen.

Andere sehen die Situation etwas nüchterner – vor allem junge Männer. Im Jahr 2007 ergab eine Studie[23] im Auftrag der Hessenstiftung: Viele Väter können beim Thema Elternzeit auf wenig Verständnis bei ihren Vorgesetzten hoffen. Zwei Drittel der Befragten gaben an, sie rechneten mit negativen Konsequenzen, wenn sie nach der Geburt eines Kindes die Elternzeit in Anspruch nähmen. Die meisten erwarteten Skepsis, Verständnislosigkeit oder einen Imageschaden – von „Weichei" bis „hat wohl keine Lust zu arbeiten". Jeder dritte befürchtete einen Karriereknick. „Das gewandelte Rollenbild des Vaters ist in vielen Firmen noch nicht angekommen", sagt die Autorin der Studie, Judith Kohn.[24]

Aber es gibt auch Gegenbeispiele. Als einer der bundesdeutschen Vorreiter in Sachen Flexibilität gilt Ford in Köln. Das Unternehmen bietet seinen Mitarbeitern eine ganze Palette familienfreundlicher Arbeitsmodelle an: einen um zwei Jahre verlängerten Erziehungsurlaub, Teilzeit, Tele-Arbeit, Jobsharing sowie eine bis zu vierjährige Auszeit. „Das motiviert und stärkt die Identifikation mit dem Unternehmen", sagt die Diversity-Beauftragte von Ford, Alicia Alvarez.[25] Und Firmensprecherin Ute Mundolf betont, bei Ford müssten Väter keine negativen Konsequenzen befürchten, wenn sie eine Babypause machen wollten.[26]

Insgesamt hat Deutschland bei der Teilzeitarbeit für Männer aber noch einiges nachzuholen. In der Bundesrepublik arbeitet nur jeder zwanzigste Mann Teilzeit, in der Schweiz jeder neunte – auch in anspruchsvollen Berufen. In Deutschland dagegen wird ein männlicher Teilzeit-Angestellter gerne noch begrüßt mit „Schön, dass Du mal wieder reinschaust" oder „Ach, unser Dauerurlauber ist auch mal wieder da."

Dabei tun Teilzeitbeschäftigte nicht nur sich selbst oder ihrer Familie etwas Gutes, sie schaffen auch Arbeitsplätze. Vollbeschäftigung wird es in Deutschland wahrscheinlich nie wieder geben, und das heißt: Wir müssen die vorhandene Arbeit auf mehr Menschen verteilen. Teilzeit ist dabei ein wichtiger Baustein. Die Schweizer Nachrichtenagentur SDA zeigt schon heute, wie das aussehen kann. Von den insgesamt 220 Beschäftigten in Redaktion, Marketing und Buchhaltung arbeiten nur 82 voll, 138 haben Teilzeitverträge. Sie teilen sich 98 ganze Stellen, im Schnitt arbeitet jeder 70 Prozent. 180 Arbeitsplätze versorgen also 220 Menschen, das ist ein Stellenzuwachs um über 20 Prozent – nur durch Teilzeit.

Auch in Deutschland erwartet die Arbeitssoziologin Almut Kirschbaum, dass sich die Unternehmen in Zukunft mehr in Richtung Work-Life-Balance bewegen – aber nicht für alle Beschäftigten. „Ich glaube schon, dass die Betriebe Interesse haben an den Humanressourcen, an denen ihnen gelegen ist, und ich glaube, dass sie deshalb etwas tun für diese Mitarbeiter. Aber der Fokus des Unternehmens richtet sich eher auf die Spitzenkräfte als auf die Beschäftigten in der Produktion. Ich denke, die Zielgruppe für Verbesserungen sind die Hochqualifizierten, die High Potentials, die aus Sicht der Unternehmen existenziell notwendig sind."

„Diversity" wäre damit kein Versprechen für alle, sondern ein Bonbon für eine bestimmte Zielgruppe. Für mich als Beschäftigten hieße die entscheidende Frage: Auf welcher Seite stehe ich – bei den Gewinnern oder bei den Verlierern einer Kultur der stärkeren Mitarbeiter-Orientierung?

Aus der Praxis kommen bisher unterschiedliche Signale. Aus Sicht des Journalisten Thomas von Mouillard zog die Firma keine Konsequenzen aus seinem Burnout. „Die Wiedereingliederung war vorbildlich, aber strukturell hat sich da nichts verändert. Die Arbeitsverdichtung nimmt auf allen Ebenen weiter zu. Auch bei meiner früheren Position geht das genau so weiter, wie das bei mir war. Wenn Sie vorbeugen wollen, wenn Sie Leute entlasten wollen, brauchen Sie mehr Leute, und das sehe ich angesichts des Sparzwangs auf absehbare Zeit nicht. Der Druck steigt eher weiter."

Marianne Engelhardt-Schagen dagegen erlebte als Betriebsärztin, dass ihr Unternehmen auf die Überbelastung von Managern reagierte. „Ich kann mich entsinnen: In einem Jahr gab es drei Führungskräfte, die mit schweren Erkrankungen ausgefallen sind. Der eine hatte einen Hörsturz, der andere einen Herzinfarkt und der dritte eine neurologische Erkrankung, die ihn für lange Zeit aus dem Verkehr gezogen hat. Das kann Zufall sein, aber ich denke, dass es manchmal Phasen gibt in einem Unternehmen, wo insbesondere auch Führungskräfte unglaublich belastet sind. Das gibt dann auch dem oberen Management zu denken. Bei uns wurde damals dann ein Gesundheitscoaching für Führungskräfte eingeführt. Und das machen viele Unternehmen inzwischen. Ich weiß das von VW, von Siemens und von Henkel in Düsseldorf."

IX Scheitern als Chance?

Abschied vom Siegermärchen: Scheitern ist Alltag

Irgendwann kam die Verheißung in die Welt: Jeder ist seines Glückes Schmied. Dem Tüchtigen steht alles offen – Arbeit, Karriere, Geld. Wer sich anstrengt und gut ist, der bringt es zu etwas. Wer es nicht schafft, ist selbst schuld.

Wer heute mit offenen Augen durch die Welt geht, weiß: Das ist ein Märchen. Wann immer diese Verheißung wahr gewesen sein mag – heute stimmt sie nicht mehr. Wenn Arbeitsdruck und Tempo steigen, wächst auch die Wahrscheinlichkeit, dass ich trotz hoher Qualifikation ab einem gewissen Alter nicht mehr Schritt halten kann mit den Jüngeren. Ich bringe meine Erfahrung ein, sie sind schneller und billiger. Wenn mein Unternehmen heute an einen Mitbewerber verkauft wird, stehen die Chancen schlecht, dass der Käufer meine Abteilung verschont und stattdessen seine eigene auflöst. Wenn Siemens in der Verwaltung und im Vertrieb 12 000 Stellen streicht, kann das nicht nur Versager und Däumchendreher treffen.

Und die Wirtschaft wird immer globaler. Wenn deutsche Maschinenbauer Spitzentechnik in alle Welt liefern, dann stellen die Kunden mit diesen Maschinen auch gute Produkte her, billiger als wir es hier können. Wenn deutsche Hersteller auch in anderen Ländern hochqualifizierte Mitarbeiter finden, dann wandert mein Arbeitsplatz aus. Audi produziert seinen Sportwagen TT seit Jahren in Ungarn, und niemand rümpft die Nase und spricht von einem Billigauto.

Aus all diesen Gründen haben wir heute nur noch begrenzt Einfluss auf unseren Erfolg im Beruf. Die lineare Karriere wird seltener, die Wahrscheinlichkeit von Brüchen wächst. Der Manager Thomas Burscheidt sieht dies ganz nüchtern. In Zeiten der Gewinnmaximierung nach den Regeln des Shareholder Value würden die Perspektiven für die Beschäftigten immer unsicherer, weil in den Firmen die Planung immer kurzfristiger werde und immer mehr auf schnelle Erfolge ausgerichtet sei. „Dazu kommt im Personalbereich, dass sich Unternehmen überlegen müssen, wie sie in Zukunft Know-how einkaufen. Das heißt, sie werden zunehmend davon weggehen, Leute dauerhaft einzustellen. Stattdessen werden sie versuchen, sich Know-how nach Bedarf ganz flexibel auf Zeit zu holen. Das wird zu einer Art Ziehharmonika-Effekt führen. Das Unternehmen wird etwas Atmendes, wie eine Lunge. Das heißt, der Verlust eines Arbeitsplatzes wird immer öfter dazugehören im Leben."

Und beim Thema Karriere geht Thomas Burscheidt noch einen Schritt weiter. Nach seiner Erfahrung ist Karriere auch eine Art Beziehungslotterie. „In Unternehmen spielen persönliche Beziehungen eine entscheidende Rolle. Ob Sie einen Mentor haben, der Sie fördert, ist eine entscheidende Voraussetzung dafür, ob Sie Erfolg haben oder nicht. Ab einer gewissen hierarchischen Position geht es nicht mehr nur darum, was Sie leisten. Sondern darum, ob Sie mit den richtigen Leuten Bier getrunken haben und ob Sie die Linie des Systems adäquat vertreten haben oder mal nach links oder rechts geschaut haben. Und es geht darum, inwieweit sie gewissen Menschen gegenüber als loyal eingestuft werden oder nicht. Wenn zum Beispiel Ihr langjähriger Mentor fällt, dann haben Sie ein Problem. Das ist viel entscheidender als Ihre Qualifikation, deshalb ist es überhaupt nicht kalkulierbar."

Berufliche Unsicherheit und das Risiko von Brüchen werden die nächste Generation noch stärker treffen als dies schon heute der Fall ist. So sieht es auch die Arbeitsmedizinerin Marianne Engelhardt-Schagen: „Ich denke, wir müssen uns davon verabschieden, dass es so etwas wie eine planbare Karriere gibt. Also das, was meine Generation noch erlebt hat. Bei meinen Kindern ist das schon etwas ganz anderes. Ich denke, wir müssen lernen, dass es nichts Sicheres mehr gibt und dass die Planungsmöglichkeiten sehr begrenzt sind."

Im öffentlichen Bewusstsein ist diese Entwicklung aber noch nicht angekommen. Erfolg zu haben gilt nach wie vor als Normalzustand. Das Märchen steckt noch in unseren Köpfen. Höchste Zeit also, dass wir etwas dagegen unternehmen.

Wenn Scheitern nicht mehr die seltene Ausnahme ist, wenn Karrierebrüche und Entlassungen zunehmen, gibt es keinen Grund, sich deswegen zu verstecken und zu schämen. Wenn ich vor mir selbst meine Kündigung eine Katastrophe nenne, dann wird es auch eine. Wenn ich mich in der Öffentlichkeit deswegen ducke, werden andere eher hinter meinem Rücken tuscheln. Wenn ich Farbe bekenne, halte ich sie in Schach.

Nicht von ungefähr empfiehlt Outplacement-Beraterin Cornelia Strobel ihren Klienten ein offenes „Wording". Wenn ich den Einschnitt in meinem Berufsleben beim Namen nenne, wenn ich einen Karrierebruch heraushole aus der Tabuzone, ist dies ein wichtiger Schritt, um diesen Einschnitt erhobenen Hauptes zu überstehen.

Strobel selbst registriert da auch schon eine gewisse

Entwicklung. „Früher hatten wir hier einen Raum mit acht Arbeitsplätzen für Klienten. Weil die Menschen, die im Outplacement waren, Wert darauf gelegt haben, in der Frühe aus dem Haus zu gehen und abends nach Hause zu kommen. Sie waren nicht nur in der Beratung hier, sondern auch zu Recherchen. Sie haben alles hier gemacht: Zeitung gelesen, Anzeigen studiert, im Internet recherchiert. Sie wollten scheinbar normal ins Büro gehen, die anderen sollten das nicht unbedingt mitbekommen. Inzwischen haben wir noch vier Klienten-Arbeitsplätze, und die sind auch nicht mehr ständig belegt. Die Menschen arbeiten von zu Hause aus. Es ist nicht mehr so ein Tabu, man trifft mittlerweile in der Wirtschaft genügend Personen, die schon einmal in einer solchen Situation waren. Ich sehe da deutliche Veränderungen. Es ist immer noch ein Schock, aber aus meiner Sicht bezieht er sich eher auf die eigene Person im Sinne des Wertes der eigenen Arbeit. Der Makel dagegen wird weniger."

Je unsicherer die langfristigen beruflichen Perspektiven werden, desto mehr teilen wir Berufstätige uns in zwei große Gruppen. Die einen von uns haben ihre berufliche Bruchsituation noch vor sich, die anderen haben sie schon hinter sich. Gut möglich, dass wir im zweiten Fall sogar im Vorteil sind – wenn wir eine Entlassung oder einen Karrierebruch produktiv genutzt haben.

Jenseits von Schuld und Tabu: Scheitern als Lernfeld

„Scheitern als Chance" – dieser Slogan ist ein Versprechen. Er holt den Karrierebruch aus der Tabuecke und gibt ihm eine positive Bedeutung: Hier gehen neue Türen auf, und mir erschließen sich neue Wege. Doch genau deshalb kann „Scheitern als Chance" leicht zu einer oberflächlichen Beschwörungsformel werden: Durch diese Krise wachse ich.

Und wenn nicht? Fachleute warnen davor zu suggerieren, dass es nach der Krise grundsätzlich besser wird, dass dann das große Glück kommt. Sie wissen, es gibt keinen Automatismus „Scheitern als Chance". Der Psychotherapeut und Coach Helmut Wall: „Wenn man das an der Oberfläche lässt, wird eine Plattitüde daraus. Es wird billig vermarktet, und es kann sogar nach hinten losgehen. Weil derjenige, der aktuell gescheitert ist und diesen Slogan liest, sich verhöhnt fühlen muss. Scheitern ist nicht automatisch eine Chance. Es bedarf der tieferen Durchdringung, damit es wirklich eine Chance werden kann. Und das ist harte Arbeit."

Am Anfang steht eine ehrliche Bestandsaufnahme: Was genau ist passiert? Wer hat welchen Anteil? Was kam von außen und hat seine Ursache in Entwicklungen oder Veränderungen auf der Firmenebene, hat also mit mir als Person ursächlich nichts zu tun? Und was war mein Anteil? Nicht im Sinne von Schuld und Versagen, sondern von Ursache und Wirkung.

Wichtig ist auch der ehrliche Blick zurück: Was vermisse ich? Was fällt mir schwer loszulassen? Und was lasse ich gerne los? Weil ich im Nachhinein merke, dass sich das für mich erschöpft hat. Oder dass ich mich verrannt hatte, dass ich mich verbiegen musste, dass mich die Arbeit immer mehr aufgefressen hat. Oder dass ich mit meiner Karriere den Erwartungen anderer gerecht werden wollte: meiner Partnerin oder meinem Partner, meinen Eltern, meinen Vorgesetzten. Was also kann ich nach Schock,

Wut und Trauer, ohne zu hadern, loslassen, weil es mir selbst nicht wirklich entsprach?

Zu einer ehrlichen Bestandsaufnahme gehört auch die Frage: Wie stark hat mich der Einschnitt getroffen? Läuft das Ganze eher auf der beruflichen Ebene, und ich als Person fühle mich intakt? Meine Stelle ist weg, und ich weiß noch nicht, wie es weitergeht. Aber ich bin okay, und es wird mir etwas einfallen. – Oder bin ich in meinem Innersten erschüttert?

Nicht immer schaffen wir diese Bestandsaufnahme alleine. Partner und Freunde sind in dieser Situation ein echter Segen – wenn ich offen bin für eine ehrliche Rückmeldung. Wenn ich mir auch das anhöre, was mir im ersten Moment nicht gefällt. Vielleicht, dass ich hart geworden sei in den vergangenen Jahren, dass ich nur noch über Effizienz und Geld geredet habe, dass ich nur noch selten gelacht habe.

Mich dann neu auszurichten funktioniert aber nicht, als ob ich einen Schalter umlegen würde: Das Alte ist vorbei, her mit dem Neuen, und alles wird gut. Auch wenn ich mir einen bruchlosen Übergang wünsche: Dies funktioniert genauso wenig, wie wenn ich mich nach einer gescheiterten Liebesbeziehung ohne innezuhalten in die Nächste stürze. Ich muss mir Zeit geben, dem Verlorenen nachzuspüren und es zu betrauern. Erst dann kann ich entscheiden: Trenne ich mich endgültig, zum Beispiel von meinem Karrieretraum, und begrabe ihn, weil er nie wirklich zu mir passte und ich mich nur quälte? Oder stelle ich das Thema Karriere in mein inneres Museum, weil es einst gut und wichtig für mich war? Oder packe ich die Sache mit neuer Zuversicht noch einmal an?

Spätestens hier kommen die „Sieben Säulen der Resilienz" ins Spiel: Optimismus, Akzeptanz, Lösungsorientierung, die Opferrolle verlassen, Verantwortung übernehmen, Netzwerk-Orientierung und Zukunftsplanung. Je stabiler diese Säulen in meinem Inneren schon sind, desto klarer werde ich meine Chancen in einer Krise erkennen und nutzen können, und desto eher werde ich die damit verbundene Arbeit anpacken. Noch einmal Helmut Wall: „Es ist eine Veränderungsarbeit, ob Coaching oder Therapie. Manche Menschen packen diese Arbeit an und stellen sich ihr. Andere glauben, sie haben keine Kraft dafür. Oder sie haben keine Lust dazu, es ist ihnen zu mühselig – und witschen dann weg. Denen kann man nicht helfen. Sie werden später wahrscheinlich wieder scheitern und dann vielleicht sogar auf den Coach schimpfen. Wer sich nicht helfen lassen will, dem können Sie nicht helfen."

Anders gesagt: Je weniger Aversionen ich habe gegen professionelle Unterstützung nach einem Karrierebruch, desto eher wird das „Scheitern als Chance" für mich Wirklichkeit. Sicher, manche schaffen es auch alleine, aber sie sind nicht der Maßstab. Für die meisten von uns gilt: Im Laufe unseres Lebens kommen wir mehr als ein Mal in eine Situation, in der wir ein Coaching brauchen oder eine Therapie. Ein Teil von uns nutzt diese Chance, die anderen lassen sie verstreichen.

Wenn ich mich in einer Krise begleiten lasse, steigt meine Chance auf neue Einblicke. Vier Augen sehen einfach mehr als zwei. Der Management-Trainer und Coach Joachim Selter: „In so einer Krisensituation sind Coaching, Beratung oder Therapie wichtig – oder ein Freundeskreis, der funktioniert. Es ist wichtig, sich nicht alleine damit rumzuschlagen, sondern nach positiver Information zu suchen. Wie schaffen es andere? Gibt es Beispiele, wie man

aus so einer Krise rauskommt? Denn in so einer Lebens-
situation kann man depressiv reagieren und sagen: Es ist
alles schlecht, es funktioniert nichts, ich bin schlecht, die
Welt ist schlecht. Wenn man es aber schafft, sich zu öffnen
und zu sagen: Wo hat schon mal jemand etwas ähnliches
erfolgreich bewältigt? – Dann hilft uns so ein produktiver
Impuls oft, ein bisschen resilienter zu werden." Das heißt:
Unsere seelische Unerschütterbarbeit kann auf zweierlei
Weise wachsen: Durch die Erfahrung, wie wir selbst Krisen
bewältigt haben. Und durch das Wissen, dass und wie andere eine vergleichbare Situation gemeistert haben.

Zuversicht gewinnen können wir auch aus unserer
Vergangenheit. War ich schon einmal so verzweifelt und
mutlos wie jetzt? Habe ich damals das Tief überwunden?
Dann überwinde ich es auch dieses Mal. Vielleicht nicht
von heute auf morgen, aber ich werde es schaffen. An dieser Stelle wird das Prinzip der Handhabbarkeit aus Antonovskys Salutogenese-Modell ganz konkret. Die Arbeitsmedizinerin Marianne Engelhardt-Schagen beschreibt das
so: „Wer eine Krise aktiv überstanden hat, ist für die nächste
besser gerüstet. Er kann dann seine positiven Erfahrungen
mobilisieren – nach dem Motto: Ist schwierig, hatte ich
aber schon mal. Und letztes Mal habe ich das so und so
hinbekommen."

Auf meine Karriere habe ich in bestimmten Situationen keinen Einfluss. Ich muss zur Kenntnis nehmen, dass
ich in meiner Firma nicht mehr weiterkomme, dass ich offensichtlich an die gläserne Decke gestoßen bin. „Edeka"
heißt dies in manchen Firmen: Ende der Karriere. Einen
solchen Karriereknick kann ich nicht ungeschehen machen. Ich kann aber sehr wohl beeinflussen, was dieser
Bruch mit mir macht. Ich kann es als Kränkung nehmen,

auf Dauer tödlich beleidigt sein, die innere Kündigung einreichen und nur noch Dienst nach Vorschrift machen, nach dem Motto: Das haben sie davon. Oder ich kann mich umdrehen und sagen: Wenn Ihr mich nicht entwickeln wollt, dann entwickle ich mich eben selbst. Und nur dann habe ich die Chance, später zurückzublicken und zu sagen: Am Anfang war es ganz schrecklich, aber heute bin ich froh darum. Denn jetzt mache ich etwas, was mir mehr entspricht als das, was mir die Firma damals verwehrt hat.

„Scheitern als Chance" ist kein Automatismus. Es ist eine Option – wenn wir uns nicht fallen lassen, sondern aktiv werden: eine ehrliche Bestandsaufnahme wagen, uns helfen lassen, den Schmollwinkel verlassen und uns von Verlorenem verabschieden, Kraft aus unserer Vergangenheit schöpfen und nach neuen Wegen Ausschau halten.

Der andere Blick: Scheitern in den USA

Eine Kündigung ist auch in den USA eine Kündigung, und eine Firmenpleite bleibt eine Pleite. Doch es gibt Unterschiede. Ein Karrierebruch ist in den USA kein Makel. Gekündigt zu werden gilt nicht als persönliches Scheitern, sondern als Schicksalsschlag, mit dem ich fertig werden muss.

Diese andere Sicht spiegelt sich auch in den Begriffen. Das deutsche „scheitern" kommt von „Scheit", dem in Stücke geschlagenen Holz. „Scheitern" war lange ein Wort für Schiffbruch: das Schiff in Trümmern, die Ladung verloren, der Reeder ruiniert. Diese traumatische Bedeutung hallt bis heute nach. Der Management-Trainer und Coach Joachim Selter: „Der Begriff ‚Scheitern' hat eine deutlich negative

Zuschreibung. Das stimmt einen schon ziemlich depressiv. Da verliert man alles, ist hilflos oder sinkt ab zur Bedeutungslosigkeit. Mit dem Wort ,Scheitern' gibt man dem Betroffenen erst mal wenig Chancen: Du bleibst da, wo Du bist. Du hast diesen Makel, und so wirst Du auch behandelt. Wenn ich dagegen sage: Da hat jemand einen Versuch gemacht, ist auf die Nase gefallen, aber er steht wieder auf und fängt neu an – der wird zum Helden. Und diesen Heldenmythos im Scheitern, den sehe ich nicht in unserer Gesellschaft."

Diese unterschiedliche Perspektive schlägt sich auch im ungleich positiveren Sprachgebrauch der Amerikaner nieder, wenn es um das berufliche und wirtschaftliche Scheitern geht. Der optimistischste Begriff für eine Firmenpleite ist im Amerikanischen „lessons learned" – ich habe meine Lektion gelernt. In diesem Begriff schwingt mit, was viele USA-Kenner berichten: Eine Pleite hat in Amerika nichts Demütigendes. Auch ein fehlgeschlagener Versuch kann wichtige Erfahrungen bringen. Ich habe potenzielle Geschäftspartner kennen gelernt, bin besser vernetzt und weiß jetzt eher, wie man mit Banken verhandelt. Kurz: Ich bin besser gerüstet für mein nächstes Businessprojekt. Gewisse Fehler mache ich kein zweites Mal.

Dazu kommt: Wer in den USA entlassen wird, sucht sich eher als wir etwas ganz anderes. Pete L. zum Beispiel war Projektmanager. Nach mehr als 30 Jahren in der Firma wurde der Freizeitpilot „abgebaut". Daraufhin machte er sein Hobby zum Beruf. Jetzt bildet er Piloten für den Segel- und für den Motorflug aus.

Jim P. war Manager im Marketing und Verkauf eines multinationalen Konzerns. Nach über 20 Jahren Firmenzugehörigkeit kam er mit seinem neuen Chef nicht zurecht. Er wurde erst demontiert und schließlich mit einer Abfindung gefeuert – oder, wie man im Amerikanischen sagen würde: „man ließ ihn gehen". In den folgenden sechs Monaten orientierte er sich neu. Während dieser Zeit arbeitete er zeitweise als Gourmetkoch in einem italienischen Restaurant, mit dessen Besitzer er befreundet ist. Dann machte er einen Neuanfang und stieg in ein Ledermöbelgeschäft ein. Dort ist er zuständig für den Ledereinkauf und für die Kundenbetreuung. Dies kommt ihm sehr entgegen, denn er ist ein leidenschaftlicher Verkäufer.

Wer die USA kennt, weiß um diese berufliche Offenheit und um die Selbstverständlichkeit, mit der viele Amerikaner unternehmerisch denken. Noch einmal Joachim Selter: „Ich glaube, es ist in Amerika legitim, auf die Nase zu fallen, alles zu verlieren und dann wieder von vorne anzufangen. Das ist der ganze Pioniermythos, der in dem Land steckt. Der macht es viel leichter, auch Risiken einzugehen, Dinge zu verlassen, Sicherheiten aufzugeben. Einen anderen Weg zu gehen, sich auch zu verirren und wieder zurückzukommen. Da sehe ich riesige Unterschiede in der Kultur."

Amerikaner gelten nicht nur als mutiger und risikofreudiger in Geschäftsdingen, sondern auch als lockerer. In ihrer Zeit als Betriebsärztin hat Marianne Engelhardt-Schagen dies selbst erlebt. „Wir hatten mal eine Zeit lang amerikanische Vorstände. Einer hat mir immer wieder rückgemeldet, dass er völlig erstaunt ist, wie verbissen und verkrampft in unserer Firma gearbeitet wird. Das würden sie in den USA so überhaupt nicht kennen. Und er finde auch nicht unbedingt, dass wir Deutschen damit mehr bewegen würden."

Damit wir uns richtig verstehen: Ich singe hier nicht das Hohelied des „Amerika, Du hast es besser." Alle, mit denen ich über das Thema „Scheitern in den USA" sprach, sahen die Situation dort sehr differenziert, so auch die Outplacement-Beraterin Cornelia Strobel: „Ich denke, die Amerikaner sind insofern viel lockerer, weil dieses Gehen und Wiederkommen dort viel selbstverständlicher ist. Ich denke, das könnten wir von den USA lernen. Auf der anderen Seite denke ich, dass das Thema Selbstreflexion bei uns einen viel höheren Stellenwert hat. Da könnten sie von uns lernen. Und ich glaube auch, dass die reine Profitorientierung in den USA auf Dauer zu kurz gesprungen ist. Wenn ich mir anschaue, wie viele Menschen dort unter der Armutsgrenze leben, das möchte ich für uns hier nicht haben."

Auch der Manager Thomas Burscheidt sagt: Die Amerikaner sind sehr viel offener, ihre Gesellschaft war schon immer mehr in Bewegung. Andererseits gibt es dort Dinge, die würde ich nicht haben wollen. „In den USA ist die Rigorosität oft noch viel größer als bei uns, und für den Einzelnen ist die soziale Abfederung deutlich schlechter. Das ist ein entscheidender Faktor in einer beruflichen Bruchsituation, ob Sie da eine gewisse Absicherung haben oder nicht."

X Zwischen Karriere und Scheitern: Der dritte Weg

„Es war eine Entscheidung für Lebensqualität" – die Geschichte von Petra Luber

Vor kurzem noch war sie unterwegs auf der Karriereleiter, und sie hatte beste Aussichten, sehr weit nach oben zu kommen. Sie liebte ihre Arbeit als Mikrobiologin in einer renommierten britischen Forschungsfirma, sie leitete dort eine Gruppe und war international im Geschäft. Ihre Chefs schätzten sie, und das Gehalt war fürstlich. Heute arbeitet Petra Luber wieder in Berlin – als einfache Referentin bei einer Behörde, und für vergleichsweise wenig Geld. Ein klarer Abstieg, aber ein Abstieg aus eigener Entscheidung.

Ihre berufliche Entwicklung hatte sie von Anfang an aktiv in die Hand genommen. Sie ist beweglich, und sie fürchtet sich nicht vor Neuem. Nach dem Abitur macht sie eine Gärtnerlehre und geht ein Jahr nach Frankreich. Dann entdeckt sie ihre Liebe zur Forschung und studiert Biologie. 1992 zieht sie nach Berlin und schreibt ihre Diplomarbeit. Hier lernt sie den Mann kennen, mit dem sie heute verheiratet ist und der später bei ihrer Rückkehr-Entscheidung eine wichtige Rolle spielen wird. „Dass ich dort meinen heutigen Mann kennen gelernt habe, war einer der Gründe, der mich bewegt hat, in Berlin zu bleiben und nicht mein Glück in der Ferne zu suchen. Ich war mir schon sicher, dass ich da jemand besonderen getroffen habe, der gut zu mir passt. Und das hat sich ja auch als sehr solide herausgestellt."

Ihre erste Stelle als Diplombiologin findet sie in einem großen privaten Untersuchungslabor. Hier hat sie zum ersten Mal mit dem Thema Lebensmittelsicherheit zu tun und erkennt: Die Lebensmittel-Mikrobiologie ist mein Thema. Sie hat eine Führungsposition, und sie wird gut bezahlt. Doch dann lernt sie die Schattenseiten der freien Marktwirtschaft kennen. „Ich bin krank geworden mit einer Eileiter-Schwangerschaft und war vier Wochen arbeitsunfähig. Als ich wiederkam, hatte ich keinen Arbeitsplatz mehr. Der Besitzer hatte damit gerechnet, dass ich möglicherweise in absehbarer Zeit doch noch mit einer Schwangerschaft sein Einkommen belasten könnte, und er hatte sich entschlossen, sich von mir zu trennen."

Mit ihrem Wissen und ihrer Erfahrung in der Lebensmittel-Mikrobiologie findet sie rasch eine neue Stelle. Bei der Entwicklungshilfe-Organisation GTZ betreut sie die Fortbildung von Wissenschaftlern und Technikern aus aller Welt, unter anderem auch in Thailand. Dann entschließt sie sich zu einer Doktorarbeit. Mit großem Erfolg erforscht sie die Antibiotika-Resistenz bestimmter Infektionserreger, die auf Hähnchenfleisch vorkommen. „Das war auch etwas, was mir an der Lebensmittel-Mikrobiologie so gut gefallen hat: Das ist eine angewandte Wissenschaft, und in dem Bereich geht es ja immer um Lebensmittelsicherheit und um Verbraucherschutz, also man tut was Gutes." 2004 promoviert Petra Luber.

Mittlerweile hat sie eine Projektstelle beim Bundesinstitut für gesundheitlichen Verbraucherschutz und Veterinärmedizin in Berlin. Hier geht es um die Risikobewertung Lebensmittel-bedingter Infektionskrankheiten in Deutschland. Petra Luber betreut das Projekt in verantwortlicher Funktion. Inzwischen ist sie fachlich bestens aufgestellt: Sie hat Industrie-Erfahrung, Forschungserfahrung, und sie kennt sich aus mit Modellen zur Risikobewertung. „Als sich das Projekt dem Ende näherte, war ich in der glücklichen Situation, dass ich eine perfekte Ausbildung hatte und genau das konnte, was sehr gefragt war im Bereich Lebensmittelsicherheit."

Petra Luber ist jetzt 40, und ihr Mann und sie haben die Familienplanung eingestellt. Also entschließt sie sich durchzustarten. Sie will zurück in die Forschung, will eine feste Stelle und gutes Geld verdienen. Am Ende hat sie die Wahl zwischen der Europäischen Behörde für Lebensmittelsicherheit in Parma und ihrem Traumjob: einer Stelle bei der britischen Forschungsfirma CCFRA. „Ich war Feuer und Flamme. Mit meinem Mann hatte ich mich geeinigt, dass ich erst mal hinfahre und schaue, wie es mir vom Job her gefällt, bevor wir weiter reichende Entscheidungen treffen. Wir hatten uns gesagt: Wir setzen uns erst mal einen Zeitraum von einem Jahr, pendeln, und dann würde er auch nach Großbritannien kommen. Für ihn ergaben sich dort auch sehr gute berufliche Möglichkeiten. Stellenangebote gab es jede Menge für ihn als beratenden Akustik-Ingenieur."

Bald darauf wird sich allerdings herausstellen: Für ihren Mann ist dies eher ein Gedankenspiel. In Wirklichkeit hofft er, dass seine Frau eine Stelle in Berlin bekommt, auf die sie sich zeitgleich beworben hat. Damit hätte sich die Sache mit seinem England-Umzug erledigt. „Wie er hinterher gesagt hat, hat er auch ein bisschen die Scheuklappen hochgefahren und sich gesagt: Das wird schon gut gehen, die wird schon den Job kriegen in Berlin. Und dann war es für ihn ein totaler Schock, als das mit Großbritannien real wurde."

Im Oktober 2005 tritt Petra Luber ihre neue Stelle an. Die Arbeit lässt sich phantastisch an. Alles ist genau so, wie sie es sich gewünscht hatte. Nur: Die Firma sitzt zwei Bahnstunden nordwestlich von London, auf dem Land. „Es war ein kleines, sehr schönes mittelalterliches Dorf, drumherum Hügel und Schafe, und ich war dort sterbensunglücklich. Und ein bisschen schockiert, was ich mir da eingehandelt hatte. Ich habe gemerkt: Alles, was mich glücklich macht, ist so weit weg. Die Kontakte zu Freunden, das kulturelle Leben, Kino, Theater, Ausstellungen. Das war mir vorher gar nicht so bewusst, an wie vielen Dingen ich da gehangen hatte. Dass ich zum Beispiel im Winter jeden Donnerstagabend zum Schlittschuh laufen gegangen bin auf die Eisbahn, da haben wir so eine lose Vereinbarung, es kommen Freunde vorbei. Das hat mir einfach gefehlt, dass man Möglichkeiten hat, etwas zu unternehmen. Ich habe erst dort gemerkt, wie wichtig mir das ist." Das nächste Kino ist 20 Kilometer entfernt, die Sportmöglichkeiten sind mehr als mäßig, und Kontakte zu Gleichaltrigen gestalten sich schwierig. Die meisten 40-Jährigen sind voll in ihren Familien engagiert.

Zudem zeigt sich: Am Wochenende nach Berlin zu pendeln ist zeitlich unmöglich. Und ihr Mann zweifelt inzwischen an seinen Berufsaussichten in Großbritannien. Als beratender Ingenieur muss er mit Architekten und Behörden verhandeln und seinen Standpunkt als Experte exakt formulieren können. Hier sieht er Probleme. Das ist Petra Lubers Lage im Herbst 2005: ein Traumjob mit besten Aussichten und exzellenter Bezahlung – und ein Privatleben, dass man heulen könnte.

In dieser Situation bekommt sie ein Angebot aus Berlin: eine Stelle als untergeordnete Referentin beim Bundesamt für Verbraucherschutz und Lebensmittelsicherheit. Eine unbefristete Stelle im Öffentlichen Dienst in Berlin ist heute so etwas wie ein Sechser im Lotto, aber für Petra Luber wäre es ein harter Schnitt: Abschied von ihrer geliebten Forschung, keine Führungsverantwortung mehr und weniger als die Hälfte ihres bisherigen Gehalts. Und sie muss sich schnell entscheiden. Berlin drängt, und nur in der Probezeit bei CCFRA kann sie kurzfristig kündigen. An Weihnachten 2005 entscheidet Petra Luber: Ich gehe zurück.

„Es war eine Entscheidung für Lebensqualität und Liebesqualität. Alles war ja auf einmal wieder wunderbar und toll, und ich war so glücklich. Ich habe nur einfach das Gefühl gehabt: Ich habe meine Chance nicht genutzt. Ich habe mich beruflich gescheitert gefühlt zu Anfang. Ich habe mich schlecht gefühlt in den ersten Wochen, weil ich gedacht habe: Mein Gott, das war es jetzt. Jetzt wirst Du hier hocken. Im Amt. Und Du wirst nie mehr viel Geld verdienen mit Deiner Arbeit. Das war schon ein bisschen bitter.“

Vier Monate hatte Petra Luber in England gearbeitet. Und sie weiß: Der schnelle Ausstieg bei CCFRA kann ihr in Zukunft noch schaden. „Wenn ich wieder in den privaten Bereich wechseln würde, würde natürlich jeder Arbeitgeber diesen Punkt in meinem Lebenslauf kritisch hinterfragen. Das ist natürlich sehr unstet, da hinzugehen und wieder wegzugehen. Was war das Problem? Der Job war ja toll, und es hat ja gut geklappt. Ich glaube, ich habe keine guten Chancen, noch einmal zu einer großen Firma im Ausland zu gehen. Das ist ein großer Einschnitt, und es wird keinen Weg mehr zurück geben in diese große, bunte, gut bezahlte Welt der Lebensmittelindustrie und der Forschung in diesem Bereich.“

Am 1. Februar 2006 tritt sie die neue Stelle in Berlin an. Als untergeordnete Referentin in einem kleinen Büro.

Sie hat keine Erwartungen, und nichts deutet darauf hin, dass sie später sagen wird: Es ist fantastisch in diesem Amt.

Bestandsaufnahme: Der Mut zur ehrlichen Bilanz

Petra Luber löste ihre Krise durch Kündigung und Wechsel des Arbeitsplatzes. Dass sie ein neues Angebot hatte, war nicht nur Glück. Sie hatte sich bei diesem Bundesamt schon einmal beworben und dort einen hervorragenden Eindruck gemacht. Jetzt erinnerten sich die Verantwortlichen wieder an sie.

Was aber mache ich, wenn im Fall einer Krise keine neue Stelle vom Himmel fällt? Im schlimmsten Fall gehe ich in Deckung und hoffe, dass das Gewitter vorüberzieht oder dass jemand anderes das Problem für mich löst. Die zweitbeste Lösung ist: Ich fange an, nach einem Ausweg zu suchen. Die beste Lösung ist: Ich habe dies schon getan. „Always have a plan B" – eine Krise kann mich weniger erschüttern, wenn ich weiß: Ich kann auch etwas anderes tun als das, was ich bisher mache. Noch besser ist es, wenn ich schon vorbereitet bin für meinen Plan B. Der positive Nebeneffekt dieses gepackten inneren Rucksacks: Ich bin nicht erpressbar. Ich behalte das Heft in der Hand und kann selbst entscheiden.

Doch auch Alternativen fallen nicht vom Himmel. Finden kann ich sie, wenn ich zunächst eine persönliche Bilanz ziehe:

- Was kann ich noch außer dem, was ich heute mache? Bin ich für einen anderen Beruf oder für eine andere Arbeit qualifiziert? Sind meine Kenntnisse dafür noch auf dem neuesten Stand? Falls nein: Kann ich das ändern?

- Welche andere Arbeit in meiner jetzigen Firma könnte ich mir vorstellen? Einen Aufstieg hin zu mehr Verantwortung? Einen Umstieg in einen anderen Bereich, der mich neu in Schwung bringt? Einen freiwilligen Abstieg hin zu weniger Stress und Verantwortung?
- Gibt es Bereiche außerhalb meiner heutigen Arbeit, die mich ansprechen? Wo ich immer wieder denke: Das wäre doch auch etwas. Gibt es eine Möglichkeit, mich dafür zu qualifizieren, parallel zu meiner jetzigen Arbeit?
- Träume ich von einer ganz anderen Arbeit? Vielleicht als Berater, als Trainer, als Unternehmer?

Auch meinen Partner oder Freunde kann ich fragen: Wie seht Ihr mich beruflich? Was denkt Ihr, was noch zu mir passt?

Wie dringlich die Suche nach einer Alternative ist, kann ich durch drei einfache Fragen herausfinden. Erstens: Wie geht es mir in meiner heutigen Arbeit? Zweitens: Wie geht es meinem Chefs mit mir? Drittens: Wie geht es meiner Firma?

Wie geht es mir in meiner heutigen Arbeit? – „Danke, gut" ist die Floskel für den Alltag, wenn ich jemanden nicht hinter die Kulissen schauen lassen will. Sie hilft mir hier nicht weiter. Zu einer ehrlichen Bilanz gehören Fragen wie: Ist mir meine heutige Arbeit aufs Ganze gesehen mehr Lust als Last? Oder haben sich die Gewichte verschoben? Reichen meine Kräfte noch? Kann ich das Tempo halten? Auch morgen? – Und auf der anderen Seite: Fordert mich meine Arbeit noch heraus? Macht sie mir noch Spaß, oder ist mir langweilig? – Stellen Sie die Gretchenfrage: Ich, in fünf Jahren am selben Arbeitsplatz – ist das ein gutes Gefühl oder ein Albtraum?

Wie geht es meinen Chefs mit mir? – Am einfachsten ist es, wenn ich meinen Vorgesetzten frage. Aber wir wissen: Längst nicht alle Unternehmen pflegen eine Kultur der Klarheit und Offenheit nach innen. Das heißt: Manche Fragen sind tabu oder gelten als Affront. Oder die Antwort ist nicht ehrlich.

Dann muss ich zwischen den Zeilen lesen: Wann hat mich mein Chef das letzte Mal wirklich gelobt? Bekomme ich insgesamt mehr positive oder mehr negative Rückmeldungen? Hat sich das Verhalten meiner Chefs verändert, sind sie reservierter geworden? Bin ich nach wie vor in den für mich wichtigen Mail-Verteilern und bei den entscheidenden Konferenzen?

Wie geht meine Firma mit Älteren um? Entwickelt sie mich noch? Bekomme ich Fortbildungen genehmigt oder schmoren Anträge unerklärlich lange in der Verwaltung? Halten meine Chefs ihre Zusagen mir gegenüber ein? Habe ich einen neuen Chef bekommen, der angekündigt hat, dass er einiges ändern will? – Hier ist die Schlüsselfrage ganz einfach: Wenn die Firma meine Abteilung schließen und jeden dritten Mitarbeiter entlassen würde – wäre ich wohl betroffen?

Wie geht es meiner Firma? – Expandiert sie eher oder stehen Sparmaßnahmen an? Gab es Einschnitte oder Entlassungen? Wurden Abteilungen verkleinert oder geschlossen? Wurde meine Firma in jüngerer Zeit von einer anderen aufgekauft oder gab es eine Fusion? Ist die Verlagerung von Arbeitsplätzen im Gespräch? Wie geht es unserer Branche, und wie gut oder schlecht steht meine Firma im Branchenvergleich da? – Hier heißt die Schlüsselfrage: Falls jedes dritte Unternehmen in massive Turbulenzen geriete – wäre meine Firma betroffen?

Viele Fragen also. Aber es hilft nichts: Für einen guten Plan B muss ich mich rüsten, damit mich im Fall der Fälle die Ereignisse nicht überraschen. Aber ich muss nicht alle Fragen alleine klären. Mein Partner und echte Freunde können mir helfen. Oder ich hole mir Unterstützung, etwa in einem Coaching. Das kostet zwar Geld, aber es wird sich lohnen.

Haben oder Sein: Was wirklich wichtig ist

Ein früherer Chef sagte mir vor Jahren: „Wenn Du ein Haus hast, dann haben Sie Dich." Dieser Satz war seine Reaktion auf meine Kündigung. Ich hatte mich dazu entschlossen, weil ich die Freude an meiner Arbeit verloren hatte. Über Jahre hatte ich es spannend gefunden, als Fernsehjournalist zu arbeiten, aber jetzt plagte ich mich nur noch. Als die Nachricht von meinem bevorstehenden Weggang die Runde machte, passierte etwas, das ich bis heute nicht vergessen habe: Gestandene Kolleginnen und Kollegen erzählten unvermittelt von ihrem eigenen Überdruss und von den Träumen jenseits ihrer sicheren, gut bezahlten Stelle. Und sagten im selben Atemzug: Das geht leider nicht. Ich traue mich nicht, ich kann ja nichts anderes, ich brauche das Geld. Wenn Du ein Haus hast, dann haben sie Dich.

Doch so einfach ist die Sache zum Glück nicht. Natürlich ist es ein Unterschied, ob ich ein gut verdienender Single bin oder ob wir eine Familie sind mit nur einem Einkommen – und zwar meinem. Natürlich ist es ein Unterschied, ob ich zur Miete wohne oder ob wir vor kurzem gebaut haben. Dennoch ist der finanzielle Spielraum meist größer als wir glauben. Urlaub, Auto, Anschaffungen – wir entscheiden, was uns wichtig ist.

Das gesparte Geld kann ich in Fernreisen stecken oder in eine Fortbildung. Wenn ich kein Auto habe, kann ich mir viele Bahn- und Taxifahrten leisten. Wenn ich mehr verdiene als ich brauche, kann ich mir Freizeit kaufen – durch eine Teilzeitstelle oder einen Ansparvertrag für ein Sabbatjahr. Und das Beste daran: Das meiste kann ich testen durch Regelungen auf Zeit. Wenn es mir langweilig ist zu Hause oder wenn das Geld doch nicht reicht, stocke ich eben wieder auf. Mindestens genauso wahrscheinlich ist aber, dass ich auf den Geschmack komme. Weil ich erfahre, wie entspannend eine Bahnfahrt sein kann. Weil ich den Unterschied erlebe zwischen einer Fünf- und einer Vier-Tage-Woche. Weil ich jetzt weiß, wie erholsam Wanderferien in Brandenburg sind.

Mit einer Immobilie sieht es zugegebenermaßen etwas anders aus. Nur eine winzige Minderheit kann Haus oder Wohnung heute bar bezahlen. Für uns andere ist es wie mit dem Kinderkriegen: ein bisschen schwanger geht nicht. In guten Zeiten ist das Haus im Grünen ein Quell der Freude, in schlechten wird es schnell zum Mühlstein am Hals. Und keiner garantiert mir, dass ich es notfalls problemlos und Kosten deckend wieder verkaufen kann. Was das bedeuten kann angesichts explodierender Energiepreise, sehen wir in den Vorstädten der USA. Ein Grund mehr, mir einen Immobilienkauf doppelt und dreifach zu überlegen. Wenn ich schon gekauft habe, ist mein beruflicher Spielraum enger. Vorhanden ist er trotzdem.

Als Führungskraft tue ich mir mit Teilzeit schwerer, zumindest in Deutschland. Hier gilt immer noch: Je höher die Position und je größer die Verantwortung, desto geringer der Anteil etwa von Teilzeit-Beschäftigten. Doch angesichts des wachsenden Wettbewerbs um Fachkräfte dürfte sich dies ändern. Die weiter vorn zitierte Unternehmensberatung Booz Allen Hamilton berichtete schon 2007 stolz, in ihrem Haus mache jeder vierte Berater im Laufe seiner Karriere ein Sabbatjahr oder gehe in Teilzeit.[27] Und in den Niederlanden etwa arbeiten schon heute Manager Teilzeit.

„Downshifting" heißt dieses Herunterschalten im Beruf, das Kürzertreten auch um den Preis eines niedrigeren Gehalts. Ich muss deshalb nicht Diogenes werden, aber wenn ich mit weniger Geld auskomme, steigt die Bandbreite dessen, was ich mir an beruflicher Veränderung leisten kann.

Abschied aus eigener Kraft: Die Kunst des Loslassens

Sportler können es am besten, Führungskräfte und Politiker schaffen es eher selten: das „Wenn es am schönsten ist, soll man aufhören." Ein gerne zitierter Satz, aber die Praxis zeigt: Er ist offenbar leichter gesagt als getan. Verdiente Ministerpräsidenten kleben so lange an ihrem Stuhl, bis die Partei rebelliert und ihre langjährige Galionsfigur kippt. Und in den Führungsetagen deutscher Unternehmen werden weit mehr Manager gegangen als von sich aus den Hut nehmen.

Die Gründe für dieses Beharrungsvermögen sind schnell aufgezählt: Geld, Macht, Verblendung und Angst vor der Leere danach. Alle vier sind nachvollziehbar, und alle vier sind kurzsichtig. Früher oder später müssen wir alle abtreten. Spätestens dann muss ich mich mit der Leere auseinandersetzen, spätestens dann müssen andere den

Karren ziehen – auch wenn sie in meinen Augen längst nicht so viel Ahnung haben wie ich. Und wenn ich ehrlich bin, weiß ich: Falls ich morgen von einem Auto überfahren werde, geht meine Firma aller Wahrscheinlichkeit nach trotzdem nicht unter.

Vor dem Ruhestand gibt es nur wenige etablierte Wege aus meiner momentanen Arbeit. Zwei sind negativ besetzt: Ich werde entlassen; ich werde krank. Ein dritter gilt als positiv: Ich werde befördert. Die klassische Karriere kennt nur eine Bewegungsrichtung: nach oben. Dort kann ich mich entfalten und in meine neue Aufgabe hineinwachsen. Ich bewältige sie, bewähre mich und erklimme die nächste Sprosse.

Was aber, wenn sich der Reiz dieser Aufgabe erschöpft, aber ich werde nicht mehr befördert? Wenn sich Langeweile in meinen Arbeitsalltag einschleicht und Müdigkeit? Oder wenn ich merke, diese Position ist eine Nummer zu groß für mich? Dann hänge ich fest. Wenn ich Pech habe, bis zum Ruhestand. Jeder von uns kennt solche Fälle, darüber gesprochen wird fast nie. Unsere klassische Karrierestruktur kennt keinen Schritt zur Seite und keinen freiwilligen Schritt zurück. Wie viele Abteilungsleiter werden später wieder Sachbearbeiter? Wie viele Schulleiter treten zurück ins Glied? Abstieg ist wie Degradierung: Ich habe versagt, und man hat mich entfernt.

Ein Projekt kenne ich, bei dem man versuchte, dies anders zu gestalten. Als zu Beginn der 1970er Jahre in Baden-Württemberg die ersten Modell-Gesamtschulen gegründet wurden, war das mit einer kleinen Revolution verbunden: Der Schulleiter wurde vom Kollegium gewählt – auf sechs Jahre, ohne Möglichkeit der Wiederwahl. Die Amtsinhaber wussten: Auch wenn ich mich noch so stark engagiere, behalte ich meine Position nicht auf Dauer. Andererseits lag darin auch eine Chance: Ich setze viel Kraft ein, ich mute meiner Familie einiges zu – aber es geht vorbei. Einen kenne ich, der es geschafft hat, sich anschließend wieder ins Kollegium einzureihen. Das damalige Modell des Führens auf Zeit ist indes längst wieder passé.

Strukturen sind zäh, und ich als einzelner werde sie auch nicht verändern. Aber das bedeutet nicht zwangsläufig, dass ich mich ihnen unterwerfe. Wenn ich mich traue, kann ich aus ihnen heraustreten. Eine einmal erreichte Position kann ich wieder aufgeben, wenn sich die Entwicklung für mich als Holzweg erweist. Eine Funktionsstelle kann ich verlassen, wenn sich meine Entwicklungsmöglichkeiten erschöpft haben. Auch als Führungskraft kann ich Teilzeit beantragen – wenn ich bereit bin, im Falle der Verweigerung die Position notfalls aufzugeben. Und niemand zwingt mich, einen kräftezehrenden Chefposten bis zur Rente zu behalten.

Wenn es am Schönsten ist, soll man aufhören. Wenn ich meine Arbeit ordentlich gemacht habe und rechtzeitig den Absprung schaffe, werden die anderen sagen: Wie schade, dass er geht. Wenn ich den richtigen Moment verpasst habe, wird es später nur noch heißen: Endlich ist er weg. Das wurde ja auch Zeit.

Das Loslassen wird mir dann leichter fallen, wenn ich den finanziellen Einschnitt verkraften kann und will – und wenn ich mit einem möglichen Statusverlust leben kann. Wenn ich als Person mit mir selbst so weit im Reinen bin, dass ich weiß: Ich bin mehr als diese Position. Und mein Partner oder meine Familie werden eher bereit sein mitzumachen, wenn sie selbst einen Vorteil daraus ziehen: Ich habe mehr Zeit für sie. Nach Feierabend bin ich nicht mehr völlig erschöpft.

Für meine berufliche Zukunft kann mir das Loslassen schaden. Möglicherweise gelte ich als unsicherer Kantonist, als jemand, der seine Aufgabe nicht wirklich ernst nimmt oder von dem man nicht weiß, wann er oder sie das nächste Mal den Hut an den Nagel hängt. Aber das muss nicht so sein. In einigen Branchen gibt es bereits Anzeichen, dass ich gerade ohne eine stromlinienförmige berufliche Vita für viele Unternehmen attraktiv bin, weil ich anders denke und einen weiteren Blick habe als die, die im Glied geblieben sind.

Trotzdem gehe ich ein Risiko ein, wenn ich aus der Reihe tanze. Es gibt eben keine Garantie, dass alles besser wird. Wie gut es mir tut, erfahre ich nur, wenn ich es wage. Mein Optimismus und mein Selbstvertrauen können daran wachsen. Und dann traue ich mich auch in Zukunft eher, meine Arbeitssituation ehrlich anzuschauen und notfalls zu sagen: Ich bin dann mal weg.

„Man denkt zu selten über Alternativen nach" (Petra Luber)

Der Anfang in ihrer neuen Stelle in Berlin ist nicht leicht für Petra Luber. Anders als in der internationalen Welt der Auftragsforschung hat sie hier eine untergeordnete Tätigkeit, sie sitzt in einem kleinen Büro vor dem Computer und muss sich einfinden in die Regularien einer deutschen Behörde. „Ich habe zu Anfang unwahrscheinlich gekämpft, mich in dieses System erst mal reinzudenken, wie das geht. Ich bekomme einen Erlass und schreibe einen Vermerk. Und an dem Vermerk sind hinten dran Verfügungspunkte, und ich kannte schon die ganzen Abkürzungen nicht. Ich habe zu Beginn oft den Dienstweg nicht eingehalten: Wer da wo was abzeichnet, wer zeichnet etwas mit, wer zeichnet etwas Schluss? Was darf ich selber machen? Wen muss ich vorher fragen, wer muss eingebunden werden? Schick ich das als E-Mail raus? Darf ich das? Oder muss das als Brief raus? Es ist unglaublich, was für Fallstricke es da gibt."

Doch dann weitet sich die Welt des Amts. Ihre Vorgesetzten schicken sie als Vertreterin in Bund-Länder-Gremien und als wissenschaftliche Expertin ins Verbraucherministerium. Auch ihr Fachwissen über die EU-Gesetzgebung kann sie hier einbringen: In einem internationalen Gremium arbeitet sie mit an neuen Hygiene-Standards für den Welthandel. Jetzt erkennt Petra Luber, welch ungeahnte Möglichkeiten ihr die Arbeit in einem Bundesamt bietet. „Ich bin jetzt natürlich auch in Bereichen tätig, die mir nur als Amtsmitarbeiterin offenstehen. Das ist eine ganz andere Arbeit, aus der man aber sehr viel schöpfen kann. Und dann gibt es noch diesen Aspekt, den ich immer ‚Wir sind die Guten' nenne. Man ist in dieser Arbeit ein Verbraucherschützer."

Petra Luber hat die Seiten gewechselt. Sie hat keine Entscheidungskompetenz mehr, aber sie kann sich als Expertin einbringen – ohne Rücksicht auf eventuelle Firmeninteressen. Wie gut das tut, erlebt sie erst jetzt. „Ich berate bei Entscheidungen mit meinem Fachwissen, und ich habe natürlich auch etwas entgegenzusetzen, wenn ein Industrieverband kommt, der seine Interessen durchsetzen möchte. Wenn ich meine alte Karriere beibehalten hätte, wäre ich sicher auch das eine oder andere Mal in so einer Runde gesessen und hätte da dann sehr schlau Dinge vorgebracht, die aber natürlich ganz klar einer bestimmten Firmenpolitik unterliegen. Und jetzt vertrete ich eben nach bestem Wissen die Interessen der Verbraucher und sorge in meinem kleinen Rahmen mit dafür, dass die Lebensmittel ein bisschen sicherer werden."

Gut getroffen hat es Petra Luber auch mit den Arbeitsbedingungen in ihrer neuen Stelle in Berlin. Das Amt besteht erst seit fünf Jahren, es ist eine Behörde ohne Verkrustungen. Und mit ihren Kenntnissen und ihrer Erfahrung war sie die Wunschkandidatin der Behörde für diese Position. Dieses Wohlwollen spürt sie jetzt im Alltag. „Ich bin sehr schnell auch in internationale Gremien geschickt worden. Ich erfahre eine wunderbare Unterstützung und Wertschätzung von meinen Vorgesetzten in diesem Amt, die auch sehr fördern, dass ich international auftrete und das Amt vertrete. Und dadurch ist der Job auch so gut geworden."

Auch zur Forschung hält sie Kontakt. Sie arbeitet als Gutachterin für internationale Fachzeitschriften, und sie hat neue Möglichkeiten jenseits des Labors entdeckt: „Desk Research" – Forschung am Schreibtisch. In Meta-Analysen wertet sie Publikationen anderer Wissenschaftler aus.

Finanziell ist der Wechsel ein klarer Rückschritt. Petra Luber nagt nicht am Hungertuch, aber sie musste ihren Lebensstandard anpassen. Die Zeiten des Shoppens nach Lust und Laune sind passé, sie führt „vergleichsweise ein kleines Leben", aber es ist nicht bedrohlich. Sie haben keine Kinder, und sie müssen keinen Immobilienkredit abbezahlen.

Ihre Entscheidung hat sie nicht bereut. Im Rückblick ist für sie klar: Wäre ich in England geblieben, es wäre mir nicht gut bekommen. „Ich glaube, es bestand eine große Gefahr, dass ich eine Depression entwickelt hätte. Mit Sicherheit hätte ich ein Alkoholproblem bekommen, ich habe unwahrscheinlich viel getrunken in der Zeit, als ich da war. Das mache ich sonst gar nicht. Ich hätte sicherlich beruflich tolle Dinge erreichen können, aber ich hätte mit einer gewissen Wahrscheinlichkeit meine Beziehung aufs Spiel gesetzt. Durch die Entfernung, die ich geschaffen habe, und durch den Druck, den ich ausgeübt hätte. Es wäre sicher eine schwere Zeit gewesen für meinen Mann, wenn er dort hätte leben müssen. Er hatte schon gesagt, dass er kommt, weil auseinander leben, das wäre nicht gegangen. Aber ich wäre der treibende Faktor gewesen, denn freiwillig kam er ja nicht. Das war etwas, das ich falsch eingeschätzt hatte."

Mit Glanz und Gloria war sie nach Großbritannien gezogen, vier Monate später ist sie wieder in Berlin, und der Traum von der großen Karriere ist vorbei. Freunden und Bekannten gegenüber beschönigt Petra Luber dies nicht. Sie sagt ihnen: Die Liebe hat mich zurückkehren lassen, ich wollte unsere Beziehung nicht aufs Spiel setzen. „Dafür musste ich mich nicht schämen. Ich hatte einen tollen Job, und ich konnte offen sagen: Ich bin traurig, dass ich den Job nicht weitermachen konnte, aber der Preis war mir einfach zu hoch. Ich habe einfach geschaut: Was macht mich wirklich glücklich, und was ist mir wichtig im Leben? Und das sind so kleine, lächerliche Dinge, und es ist auf jeden Fall nicht die Karriere allein. Ich hätte das gerne auch gehabt, aber es ging nicht, ich konnte nicht beides haben."

Die Reaktionen sind sehr unterschiedlich. Frauen können ihre Entscheidung gut verstehen und sagen: Das hätte ich auch so gemacht. Bei Männern sieht dies zum Teil anders aus. „Ich habe kein Entsetzen erlebt, aber doch wirklich Zweifel bei zwei, drei Männern. Einer meiner Freunde, der beruflich sehr erfolgreich ist, hat gesagt: Mein Gott, sie hat ein Job-Angebot als EU-Beamtin abgelehnt und eine

Karriere in der Industrie aufgegeben. Der war neidisch, dass ich das für mich so entscheiden konnte. Er ist sehr fixiert auf seinen Job und muss wahnsinnig viel arbeiten und ist unwahrscheinlich viel unterwegs. Aber er hat das Gefühl, er kann da nicht mehr zurück. Er hat Frau und Kinder und kann nicht raus aus der Situation. Und er war ein bisschen eifersüchtig, dass ich so frei war in meiner Entscheidung zu sagen: Das Geld ist egal, das Geld ist nicht wichtig. Dass ich diesen Schritt auch machen konnte. Das ist wahrscheinlich nicht so einfach, wenn man sich entschieden hat, ein Haus zu besitzen, das man abzahlen muss."

Auch deshalb sagt Petra Luber heute: Ich gehöre zu den Glücklichen. Aber sie hat nicht vergessen, dass sie zu Beginn eher skeptisch war. Und sie sagt offen: Das hätte auch ganz anders kommen können mit dieser Arbeit in einem Amt. „Das hätte auch total schrecklich sein können. Irgendeine kleine, schreckliche Aufgabe. Ein ganz fürchterlicher Amtsschimmel. Und keiner, mit dem man mal einen Kaffee trinken möchte. Aber ich habe mir einfach gesagt: Wenn es gar nicht geht, dann machst Du halt etwas anderes. Dann schaust Du noch mal neu. Das wäre sicherlich schwer geworden mit dem Karriereknick da drin, mit dem Unsteten: Ich geh da mal hin und mach das, und dann – schwupp – wenige Wochen später steige ich einfach wieder aus. Das ist ja eigentlich eine Katastrophe. Mit diesem Manko wäre es schwer gewesen. Aber ich habe gedacht, ich mache das jetzt einfach."

Durch ihre Entscheidung zur Rückkehr nach Berlin und durch ihre guten Erfahrungen in ihrer jetzigen Arbeit fühlt sich Petra Luber gestärkt – und besser gerüstet, falls sie in Zukunft noch einmal in eine solche Situation kommen sollte. „Ich habe jetzt einen Erfahrungsschatz. Ich habe das schon einmal gemacht, ich habe mich entschieden, und es ist gut gegangen. Das gibt einem ein gewisses Vertrauen, dass man auch so große Entscheidungen treffen kann. Das hatte ich ja vorher nie gemacht, es hatte sich alles immer so ergeben. Und jetzt, das gibt mir schon eine gewisse Sicherheit. Ich kann mir auch durchaus vorstellen, noch einmal so eine große Entscheidung zu treffen. Sollte es aus irgendeinem Grund ganz schrecklich werden, dann habe ich die Gewissheit, dass ich weggehen und noch einmal etwas Neues anfangen kann."

Eine gute Entscheidung beginnt in Petra Lubers Augen mit einer kleinen Auszeit: eine Woche, ein Wochenende oder auch nur ein langer Strandspaziergang. Und dann überlegen: Was ist mir in meiner Arbeit wirklich wichtig, jenseits der Erwartungen anderer und jenseits tatsächlicher oder vermeintlicher Zwänge? „Ich glaube, dass das ganz wichtig ist, dass man sich damit auseinandersetzt, was man wirklich tief im Inneren möchte. Denn sonst wird man vielleicht unglücklich mit seinem Lebensentwurf. Ich sehe das bei so vielen Menschen, dass sie nicht glücklich sind mit ihrem Leben, weil man wahnsinnig viel Zeit seines Lebens mit der Arbeit verbringt. Man ist oft so gehetzt, gerade wenn man berufstätig ist, und man denkt viel zu selten nach über Alternativen oder über Möglichkeiten, die wir alle haben. Die haben sicher auch alle ihren Preis, man muss auch etwas hergeben dafür, dass man etwas kriegt. Aber wenn man spürt, dass etwas wichtig ist: Dann mach's doch, probier es, geh' das Risiko ein. Das Leben ist nicht ohne Risiken. Es kann so viel passieren. Und es kann so schnell vorbei sein."

Nachwort

Zwei Jahre arbeitet Thomas von Mouillard inzwischen als Redakteur im dpa-Großraumbüro in Berlin. Sein neuer Chef ist fünfzehn Jahre jünger als er, aber damit hat er keine Probleme. Und er sagt nach wie vor: Mein Wechsel war genau die richtige Entscheidung. Er sagt dies auch in dem Bewusstsein, dass er wohl bis zur Rente in dieser Position bleiben wird.

Beate Berroth hat inzwischen einiges in Bewegung gesetzt – bei ihren persönlichen Themen und bei ihren beruflichen Ideen. Der Ausgang ist offen, aber sie fühlt sich gut unterwegs. Der neue Wohnungsbesitzer ließ sich nicht umstimmen, aber sie fühlt sich bestärkt in ihrem Grundsatz: Immer alles versuchen, auch wenn es aussichtslos erscheint.

Matthias Adams schreibt: Wir müssen im Moment unbedingt die Arbeiten in den Weinbergen abschließen, wir sind etwas hinterher. – Das klingt nach vielen Überstunden und ist doch Meilen entfernt von dem Stress, den er als Manager hatte. Tauschen wollen würde Matthias Adams jedenfalls nicht.

Thomas Burscheidt sagt: „Meine Arbeit als selbstständiger Unternehmensberater entwickelt sich sehr erfreulich. – Das erste Projekt ist abgeschlossen, das zweite läuft." Zwei Angebote für eine neue Festanstellung hat er abgelehnt, und er hat die Firmen stattdessen als Kunden gewonnen. Er ist weiterhin Manager, aber eine Rückkehr in ein Angestellten-Verhältnis kann er sich heute nicht mehr vorstellen.

Dank

Als Leser empfand ich den Dank am Ende eines Buches früher oft wie eine Pflichtübung. Jetzt sehe ich dies anders. Als Autor bin ich kein Zauberer, der im stillen Kämmerlein ein Buch aus dem Ärmel schüttelt. Neben und hinter mir stehen viele, ohne die es dieses Buch so nicht geben würde. Freunde halfen mir bei der Suche nach Gesprächspartnern oder reichten mich weiter an ihre Freunde. Andere sagten im richtigen Moment: Das wird schon. Reinhold Thiel gab mir Informationen zum Thema Scheitern in den USA. Sabine Römhild las das Manuskript vorab, von ihren Rückmeldungen habe ich viel profitiert. Expertinnen und Experten räumten mir Zeit ein in ihren Terminkalendern. Und fünf Menschen erzählten mir ihre Geschichte: Matthias Adams, Beate Berroth, Thomas Burscheidt, Petra Luber und Thomas von Mouillard. Ihnen und Euch allen herzlichen Dank!

Berlin, im Sommer 2008   Hans Ruoff

Anmerkungen

[1] „Krach im Hause Media-Saturn"
(Süddeutsche Zeitung, 2.5.2008)

[2] „Credit Suisse: Schneller Abgang"
(Berner Zeitung, 9.5.2008)

[3] „Krach im Hause Media-Saturn", a. a. O.

[4] Richard Sennett: „Der flexible Mensch" (1998), Seite 25

[5] Richard Sennett: a. a. O., Seite 29

[6] Richard Sennett: a. a. O., Seite 156

[7] Richard Sennett: a. a. O., Seite 60

[8] Richard Sennett: a. a. O., Seite 119

[9] Richard Sennett: a. a. O., Seite 159

[10] Richard Sennett: a. a. O., Seite 159

[11] www.muehlenhoff.com/statistik

[12] „Erst feuern, dann kuscheln. ,Trennungsberater' zeigen Chefs, wie man Leute rausschmeißt – und Arbeitslosen, wie sie neue Jobs bekommen" (DIE ZEIT, Ausgabe 11/04)

[13] „In 95 Prozent der Fälle ein neuer Job"
(manager-magazin, 19.1.2006)

[14] Aaron Antonovsky: Salutogenese (1997), Vorwort

[15] Aaron Antonovsky: a. a. O., Seite 34

[16] Aaron Antonovsky: a. a. O., Seite 35

[17] Aaron Antonovsky: a. a. O., Seite 35

[18] Aaron Antonovsky: Gesundheitsforschung versus Krankheitsforschung (in: Franke, A. u. Broda, M., Psychosomatische Gesundheit, Tübingen: dgvt-Verlag 1993, Seite 11)

[19] „Politiker sind bloß neidisch auf Manager"
(Welsh-Interview Süddeutsche Zeitung, 29.5.2008)

[20] „Die Berufswelt als Flickenteppich"
(Süddeutsche Zeitung, 13.3.2008)

21 „Bewerber stellen heute andere Fragen"
(Süddeutsche Zeitung, 26.7.2008)

22 „Kind und Karriere"
(Süddeutsche Zeitung, 1.7.2008)

23 Studie „Profit und Familienfreundlichkeit" – Führungskräftebefragung zur Familienfreundlichkeit von Unternehmen, im Auftrag der Hessenstiftung – Familie hat Zukunft, der VhU – Vereinigung hessischer Unternehmerverbände e.V., der Arbeitgeberverbände Hessen Metall und HessenChemie; Studie durchgeführt vonder IGS Organisationsberatung GmbH, Köln

24 „Die Elternzeit macht Karriere"
(Süddeutsche Zeitung, 28. Juni 2008)

25 „Arbeitswelt: Biegen oder brechen?"
(Zeitschrift „Menschen", Ausgabe 2/2008)

26 „Die Elternzeit macht Karriere", a. a. O.

27 „Zwischen Mumps und Meetings"
(Artikel in FAZ.net, 15.1.2007)

Literaturverzeichnis und Links

Sachbücher:

Aaron Antonovsky, Salutogenese. Zur Entmystifizierung der Gesundheit, (dgvt Verlag, 1997)

Axel Braig, Ulrich Renz, Die Kunst, weniger zu arbeiten, (Fischer Taschenbuch, 2003)

Stefan Klein, Einfach glücklich. Die Glücksformel für jeden Tag, (rororo, 2004)

Hermann Schreiber, Midlife Crisis. Die Krise in der Mitte des Lebens, (C. Bertelsmann, 1977. Vergriffen, aber secondhand problemlos zu bekommen)

Richard Sennett, Der flexible Mensch. Die Kultur des neuen Kapitalismus, (Siedler, 2000)

Micheline Rampe, Der R-Faktor. Das Geheimnis unserer inneren Stärke, (Knaur Taschenbuch, 2005)

Christiane Zschirnt, Keine Sorge, wird schon schiefgehen. Von der Erfahrung des Scheiterns – und der Kunst, damit umzugehen, (Goldmann, 2007)

Ratgeber:

Lisa Krelhaus, Wer bin ich – wer will ich sein? Ein Arbeitsbuch zur Selbstanalyse und Zukunftsgestaltung, (mvg Verlag, 2004)

Elisabeth Mardorf, Wer immer geradeaus geht, kommt nicht weit. Dem Leben eine neue Richtung geben, (Kösel, 2001)

Erlebnisberichte:

Daniel Goeudevert, Mit Träumen beginnt die Realität. Aus dem Leben eines Europäers, (Rowohlt Taschenbuch, 2000)

Anne Koark, Insolvent und trotzdem erfolgreich, (Insolvenzverlag, 2007)

Don J. Snyder, Der Gratwanderer. Wie einer seine Arbeit verliert und sein Leben findet, (Beltz Quadriga, 1998)

Zeitschriften:

brand eins, Meins! – Was nützt Besitz? Schwerpunktthema Eigentum
(in Heft 07/2008)

Onlinequellen:

www.op-p.de
„Ist Ihre Position gefährdet?" Kostenloser Test auf der Homepage
der Outplacement-Beratungsfirma OP-P. Anonym, mit Eigenaus-
wertung

http://www.bdu.de/beraterdatenbank.html
Berater-Suchportal des Bundesverbands Deutscher Unternehmensberater BDU e.V. (sortiert nach Branchen und Regionen)